고속도로 통행권에
복권을 붙이면
정말 좋겠네

유쾌한 인생 반전을 가져다주는 생각 습관

고속도로 통행권에 복권을 붙이면 정말 좋겠네

희망메이커 · 박원순 · 전유성 · 박준형 지음

위즈덤하우스

PROLOGUE
원하는 대로 세상을 디자인하다

'아이디어'는 세상을 바꾸지 못했다. '아이디어 상품', '생활 속의 아이디어'라는 말에서 엿볼 수 있듯이 아이디어는 그저 자신의 편리를 도모하는 하나의 테크닉에 지나지 않는다고 여겼기 때문이다. 오히려 세상을 바꾸는 것은 '거대한' 무엇이었다. 새마을 운동, 경제개발 5개년 계획, 민주화 운동 등 국가나 단체들이 추진한 '운동'과 '계획', '정책'들이 세상을 바꿔왔다. 거기다가 다수 대중이 참여한 혁명이 세상을 바꾸는 시도들을 해왔을 뿐이다. 한국은 근대화 과정을 거치면서 '소소한 것'들이 필요한 것이 아니라 '큰 밑그림'이 필요했다. 고속도로를 건설하고, 건물을 올리고, 도시를 만드는 거대한 밑그림이 절실했다. 결론적으로 세상을 바꾼 건 아이디어가 아니고 그러한 역할을 담당할 수도 없었다.

그런데 이제는 시대가 바뀌었다. '거대한 것'들이 꽉 들어차고 천편일률적인 밑그림이 완성되자 이제는 '작은 것', '전혀 다른 것'에 관심이 쏠리기 시작했다. 이를 충족하기 위해서는 '창의력'이 필요하다. 기존의 것들을 넘어서기 위해서는 전혀 다른 시각에서 전혀 다른 발전 방향을 제시하는 창의력이야말로 다른 무엇보다 필요한 시대의 가치이기 때문이다. 기업 경영자도 창의적인 경영을 주문하고 시대가 요구하는 인재상도 '창의적인 인재'다. 그런 점에서 아이디어는 제대로 때를 만났다. 아이디어는 창의력의 가장 기초적인 토대이자 창의력 전체를 아우르는 포괄적인 콘셉트이기 때문이다.

거대한 밑그림을 완성한 후에 또 하나 필요한 것이 바로 '디자인'이다. 조화와 아름다움을 염두에 둔 '디자인'은 밑그림을 더욱 풍부하고 화려하게 완성하기 때문이다. 내 명함에는 '소셜 디자이너Social Designer'라는 직함이 찍혀 있다. '디자이너'라고 하니까 그래픽 디자이너를 떠올리는 사람도 있고 상품 디자인 쪽 일을 하냐고 물어보는 사람도 있다. 가끔씩은 디자인협회나 디자인 회사에서 나를 강사로 초빙하기도 한다.

'희망제작소'는 시민의 창의력을 토대로 세상을 새롭게 디자인하는 단체다. 거대한 밑그림을 그리는 과정에서 그동안 소외되어온 사회적 약자들을 부각하고 불평등한 제도와 시스템에 평등의 색깔을 칠했으며, 눈에 띄지 않는 배경과도 같던 우리 사회 곳곳의 어둠을 밝은 모습으로 다시 스케치해 왔다. 수많은 시민의 아이디어가 물감이 되고 붓이 되어 '새로운 그림'을 그리기 시작했다는 이야기다.

결과는 놀라웠다. 연구·활동 부서인 사회창안센터를 설치하고 시민의 공익적 제안과 좋은 아이디어를 모아 축적하는 웹사이트를 개설하자 1년이 지나지 않아 1,000개가 넘는 아이디어가 모였다. 그리고 1년여 만에 30여 개의 아이디어가 공론화·현실화되는 과정을 거치고 있다. 공공기관도 예전과는 달리 적극적으로 화답했다. 임산부를 배려하는 배지를 만들자는 제안, 관용차를 소형차·경차로 바꾸자는 호소, 지하철 손잡이의 높이를 다양한 신체 조건을 고려해 각각 다르게 만들자는 의견, 생리 기간에 수영장을 이용하지 못하는 여성들의 고충을 해소하는 방안(생리할인제), 은행 자동화 기기 이용 시 수수료를 출금 전에 고지해 달라는 아이디어, 유통기한 표기 개선에 관련한 다양한 주장, 시각 장애인 고충 해소 프로젝트 등은 관련 당국에서 이미 받아들여 다양한 정책을 입안, 고지했다.

희망제작소는 이어 한국일보, 행정자치부 그리고 KBS와 함께 '시민의 아이디어로 세상을 유쾌하게'라는 프로젝트를 진행하기도 했다. 특히 국회의원들이 참여하는 '호민관 클럽'은 시민의 아이디어를 보다 적극적으로 정책화하는 데 큰 도움이 되고 있다.

이제 희망제작소는 시민에 의한, 그리고 시민을 위한 '싱크탱크 Think Tank' 역할을 하고 있다. 이 민간 싱크탱크는 앞으로도 자체적인 노력과 시민들의 아이디어를 토대로 우리 사회를 풍요롭게 디자인해 나가는 밀알 같은 단체가 되고자 한다. 그리고 그간의 노력이 드디어 책이라는 형태로 결실을 맺게 됐다. 이 책은 단순한 '아이디어 모음집'이 아니라 아이디어와 창의력이 어떻게 우리 사회를 바꿀 수 있는지, 그리고 우리 사회가 무엇을 지향해야 하는지를 알려준다.

그러니 희망제작소를 운영하면서 무엇보다도 감동적이었던 것은, 아직 우리 사회에 약자를 배려하는 손길이 많다는 것과 자발적인 시민의 참여로 우리 사회가 변할 수 있다는 확신이었다. 그리고 아직도 변해야 할 것이 많다는 것, 그것을 위해 노력하는 사람들의 열정이 뜨겁다는 점이 우리를 희망으로 들뜨게 한다.

PROLOGUE 생각의 1%를 바꾸면
즐거움은 무한대

처음 이 책에 대해 듣고 함께하자는 제안을 받았을 때 많이 망설였다. 지금껏 해보지 않은 일이기에 두려움도 있었고 잘 알지도 못하면서 이런저런 생각을 보탠다는 것 자체가 쉬운 일이 아니었기 때문이다. 그러나 지금 돌이켜 생각해 보면 책을 만들어가는 과정에서 알게 된 많은 분들과의 소통 그 자체가 행복했고, 참여하길 정말 잘했다는 생각이 든다.

마치 마르지 않는 샘처럼 넘쳐나는 수많은 사람들의 아이디어와 상상력, 그리고 그것을 실현하기 위한 도전과 실천력. 솔직히 수많은 아이디어가 살아 숨 쉬는 강물의 흐름을 따라 나 역시 자유롭게 헤엄칠 수 있었다.

'조금이라도 우리가 행복해질 수 있는 길'을 찾는 과정은 조금이라도 더 시청자들을 웃기기 위해 개그맨이 늘 하는 아이디어 회의와는 사뭇 달랐다. 어릴 적 아빠가 선물한 피노키오 퍼즐 조각을 하나하나 맞춰가는 느낌이랄까. 마지막 조각 하나를 제대로 끼워 넣었는지는 알 수 없지만, 흐트러진 조각을 하나하나 바라보고 제자리를 찾아가는 과정에서 기쁨을 느낄 수 있었다.

이 책이 세상에 어떤 의미로 다가설지는 모르지만 이런 시도나 생각들이 존재한다는 것 자체가 참 행복한 일이라는 생각이 든다.

 한 소년이 연필로 쓰고 지우기를 반복하다가 지우개가 자꾸 없어져서 불편해지자 연필 끝에 지우개를 붙여 사용했고 그것을 팔아 대박이 났다는 이야기처럼, 우리 삶에 존재하는 약간의 불편함에 대한 자각이 우리의 연필 끝에 지우개를 붙일 수 있도록 도와주길 희망한다. 무엇보다 그 불편함을 간과하지 않고 찾아내어 개선할 수 있는 관찰력이 우리에게 있었으면 한다. 그리고 그 혜택을 우리 사회 곳곳의 그늘에서도 평등하게 누릴 수 있기를 간절히 바란다.

 이 즐거운 작업에 참여하게 해주신 전유성 선배님, 이진아 실장님, 이남훈 선생님께 감사의 말씀을 드리며, 마지막으로 이 글을 쓰는 지금 이 순간에도 무한한 애정으로 지켜봐주고 있는 여우 같은 아내 김지혜와 토끼 같은 딸 박주니에게 사랑을 전한다.

Foreword 아이디어가 아이디어를 낳는다

하릴없이 인터넷 검색을 하다 정말 기발한 패러디 작품을 만난 경험이 누구나 한번쯤은 있을 것이다. 드라마 「대장금」이 한창 인기를 끌 때 나온 『월간 궁녀』 창간 포스터는 지금도 기억이 생생하다. 표지만 있는 창간이었는데 예고된 기사 내용은 '특별 상궁이 된 연생이가 밝히는 전하를 사로잡는 비법' 같은 것이었다.

   어떻게 이런 생각을 하게 되었을까? 궁금하다. 그 머릿속을 들여다보고 싶을 정도다. 하긴 그래서 아인슈타인의 뇌를 지금까지 보관해 연구하고 있는 것일 테지만. 하지만 곰곰이 생각해 보면, 이런 기발한 패러디는 하나의 아이디어가 또 다른 아이디어를 자극한 결과다. 지금도 아이들이 꾸준히 읽는 미구엘 세르반테스Miguel de Cervantes의 『돈키호테』는 중세 기사도 전설을 패러디한 것이고, 제임스 조이스James Augustine Aloysius Joyce의 『율리시즈』는 유명한 영국 산문가의 문체에서 힌트를 얻은 것이다. 즉 아이디어가 아이디어를 낳는 것이다.

   그래서 아이디어는 모아야 한다. 누구나 아이디어를 내놓을 수 있도록 무한한 자유를 허용하고, 그런 아이디어에서 혁신innovation을 찾아야 한다. 아이디어를 내는 사람을 막으면 혁신도 없다.

24시간 내내 뉴스만 방송하자는 아이디어로 세계적인 뉴스 기업을 일군 CNN 설립자 테드 터너Ted Turner는 "혁신적인 아이디어를 제시했을 때 사람들이 비웃지 않으면 그것은 좋은 아이디어가 아닐 확률이 높다"라고 말했다. 영화사 워너브라더스Warner Bros.의 개발팀장 척 존스Chuck Jones는 새로운 애니메이션에 대한 아이디어를 얻기 위해 '빅 예스Big Yes' 회의를 열었는데, 어떤 아이디어라도 심지어 농담까지도 무조건 '예스'라고 답해야 하는 회의였다. 그 결과 워너브라더스는 「루니 툰Looney Tunes」 같은 대표작을 만들 수 있었다. 누구나 쉽게 아이디어를 낼 수 있는 세상이 되면, 혁신은 지절로 따라오게 마련이다.

  지금 전 세계는 그야말로 '혁신'이라는 단어 때문에 몸살을 앓고 있다. 20세기가 자기 분야에서 '전문 능력'으로 경쟁하던 시대였다면 21세기는 글로벌화, 과잉 공급, 테크놀로지의 발전 덕분에 복잡성이 증대되면서 '문제 해결 능력'이 중심인 시대로 변했기 때문이다. 문제는 늘 새롭고, 이 새로운 문제는 창조적인 아이디어와 혁신을 통해서만 해결할 수 있다. 그래서 발상의 전환은 교육의 새로운 트렌드가 되었다. 과거의 문제가 아니라, 지금의 그리고 미래의 문제를 해결하기 위해서는 늘 새로운 아이디어와 발상이 필요하다.

하지만 천재만이 아이디어와 혁신과 문제 해결의 주인공이 될 수 있는 것은 아니다. 카트린 콕스가 역사를 바꾼 300인의 아이큐를 전기나 관련 자료를 통해 추적해 보니, 태양이 아니라 지구가 돈다는 학설로 그야말로 과학계에 일대 혁신을 불러일으킨 코페르니쿠스Nicolaus Copernicus의 아이큐는 100에서 110 사이였다고 한다.

아이디어의 출발은 비웃음을 살 수도 있고 지나치게 평범해서 무시당할 수도 있다. 하지만 그런 아이디어가 또 다른 아이디어를 촉발하고 발전시켜 발상의 전환을 꾀하고 혁신의 밑거름이 된다.

이 책에는 평범한 일상 속의 비범한 아이디어가 그득하다. 이 아이디어에서 시작해 '희망'이라는, 모자란다고 수입해서 쓸 수 없는 사회적 자본을 우리 사회에 가득 쌓아보자.

김경훈(한국트렌드연구소 소장)

상상은 지식보다 더욱 중요하다.
지식은 한계가 있지만
상상은 세상의 모든 것들을 끌어안기 때문이다.
　　　－아인슈타인

와이 낫Why not? 빅 예스Big yes!

CONTENTS

Prologue
원하는 대로 세상을 디자인하다_박원순 • 004
생각의 1%를 바꾸면 즐거움은 무한대_박준형 • 008

Foreword
아이디어가 아이디어를 낳는다_김경훈 • 010

Truth
소비자와 사랑에 빠지고픈 기업 · 공공기관을 위한
애정행각 노하우

유통기한 지난 빵을 먹는 기분 • 022
당신의 밥상은 글로벌 밥상? • 025
기업과 이용자 모두를 위한 행복한 잔칫상 • 028
잔액 남은 교통카드를 모아보아요 • 030
의심 없이 편하게 물건을 구입하는 법 • 033
우리 지역 문제는 우리 손으로! • 035
여성의 안전한 이동 권리를 위해! • 039
자칫하면 위험막이 될 수 있다 • 041
키가 작은 어른과 아이를 위한 작은 배려 • 045
UCC도 공익이 더해지면 더 즐거워진다 • 048
주민과 공무원의 상호 소통을 위한 제안 • 050
수수료 스트레스, 이제는 날려버리자 • 053
보험료 부담을 줄이자 • 056
헷갈리지 않게 얼굴 보고 정확히 찍자 • 059
선거는 선택을 강요하는 것이 아니다 • 061
법은 쉽고 친근해야 한다 • 064

전유성의 別別想像
농산물 운반차에 현수막을 • 027
상향등 깜빡임을 '먼저 가세요'로 • 043
개그맨의 지하철 안내 방송 • 047
느린 게임도 필요하다 • 049
색다른 자동 응답기 목소리 • 055
고속도로 당첨 통행권 • 057

박준형의 FunFun Talk
포인트로 살아가는 21세기 인간형 • 029
포인트나 마일리지의 상호 변환은 어때요? • 031
암행어사를 부활시킵시다 • 062

박원순의 아이디어 스크랩
정겨운 마을로 변신한 도심 속 아파트 • 037
농민이라고 농사만 지으라는 법 있나? 농민주유소 • 051
시민의 입장을 대변하는 명예직 '태평신사' • 063
대중을 위한 정치교육이 필요하다 • 066

·Next 행복한 미래를 꿈꾸는 아이들을 위한 현명한 선택

미래 꿈나무에게 아침식사는 필수 · 070
방학에 더 힘든 결식아동을 잊지 말자 · 073
아이들에게 새로운 꿈과 희망을 전하다 · 075
행복한 가정에서 자란 아이는 다르다 · 078
부모와 자녀의 새로운 커뮤니케이션 · 080
새로운 재미를 제공하는 곳 · 088
차곡차곡 쌓여가는 흐뭇함 · 091
떠들면서 신나게 즐기는 기차 여행 · 093
학생들의 토론 능력을 쑥쑥 키워주는 곳 · 097
신나고 재미있는 시청·군청 만들기 · 099
아기를 낳는 것도 국가 경쟁력 강화 · 106
영·유아와 부모를 위한 작은 배려 · 107
장볼 때면 눈앞이 캄캄해지는 주부를 위해! · 109
마음을 실어서 책을 보내요 · 113
어린 아이와 부모는 문화생활을 포기? · 115
우리 곁에 있는 진짜 영웅을 위해! · 117

전유성의 別別想像
퀵서비스 기사 등에 미아 찾기 광고를 · 112
서점에 방석을 놓자 · 114

박준형의 FunFun Talk
돈 뺏기고 왕따 당하는 아이를 위한 '꼰지르는 맨' · 077
어린이날 놀이공원에서 줄 안 서고 즐겁게 노는 방법 · 090
어려운 역사를 개그처럼 신나는 동영상으로 익히자 · 096
공무원으로 조직한 '영화 상영 특공대' · 101

박원순의 아이디어 스크랩
훈데르트 바서 학교, 자연에 직선은 없다 · 082
상상력과 창의성을 키워주는 놀이터 · 102

Money 서로가 즐거워지는 **상상 초월 돈벌이를 찾아서**

혼자 밥해 먹기 힘들어요 • 121
요리로 함께 나누는 기쁨 • 124
맞벌이 부부와 그 아이들을 위한 식탁 • 128
환경을 보호하는 생활 테크놀로지 • 133
더위도 날리고 모기도 날리고 • 136
작은 것이 아름답다 • 137
충동구매를 줄일 수 있는 방법 • 139
작은 에너지를 모아보아요 • 143
쓰지 않는 가전제품의 플러그를 뽑자 • 146
자동차 연료 혼유 사고를 방지하자 • 148
휴대폰 벨소리, 또 깜빡! • 149

전유성의 別別想像
포장마차를 새로운 공간으로 • 125
두루마리 휴지에도 아이디어를! • 138
휴대용 메모지가 있는 가계부 • 142

박준형의 FunFun Talk
외로운 사람과 어린이를 위한 극장 • 123
풍년데이, 농산물 가격 폭락만큼은 막자 • 126
인연의 소중함을 생각하게 하는 '만남의 광장' • 127
햄버거의 트랜스 지방, 엄마 햄버거로 해결하자 • 129
깜빡하는 주부를 위한 말하는 냉장고 • 135
책에 쿠폰을 넣자 • 145

박원순의 아이디어 스크랩
찰보리빵과 명품 곶감의 차이 • 130

Eco 좋은 향기로 가득한 **친환경 대안**이 미래 경쟁력

화려하지만 아까운 포장과 용기 • 152
굳이 새것만 고집할 필요가 있나? • 155
폐건전지의 효율적인 수거를 위해! • 157
이게 스티로폼이야, 플라스틱이야? • 161
폐현수막을 새로운 보물로 바꾸자 • 164
비닐봉지 사용을 줄이자 • 172
미래를 위한 환경 문화 프로그램 • 177
작은 기부가 모여 새로운 도시를 만든다 • 181

전유성의 別別想像
배달 음식 그릇은 초벌 설거지를 • 156
쓰레기봉투에 광고를 • 163

박준형의 FunFun Talk
재미있는 공사장 안내 표지판 • 173
아름다운 산책길 UCC 경연 대회 • 179
대학의 담을 허물어 도시 녹지 공간을 확보하자 • 183

박원순의 아이디어 스크랩
낭비로 얼룩지는 화환 문화를 바꾸자 • 158
쓰레기통에서 발견한 예술성 • 166
공공 목적으로 활용하는 전봇대 • 174
누구나 쉬어 갈 수 있는 도심 속 휴식 공간 • 184

Neighborhood 네 이웃을 힘나게 하라

- 티낼 수도 없는 힘든 예비 엄마들을 위해! • 188
- 장애인도 함께 행복한 사회 • 191
- 여자라서 행복해요, 하지만! • 194
- 장애인도 함께 즐길 수 있는 공간 • 197
- 노숙인을 위한 최소한의 배려 • 200
- 그들도 우리처럼 행복해져야 한다 • 203
- 모으다 만 쿠폰, 나눔의 장으로 끌어내자 • 207
- 장애인을 위한 의미 있는 배려 • 209
- 나도 모르게 공금을 횡령하다? • 212
- 평소 이용하는 은행을 통해 기부하자 • 215
- 주인 잃은 푼돈, 티끌 모아 태산 • 218
- 대체 왜 그들에게 관대한 거죠? • 221
- 재벌이 한 달에 1만 원을 받으러 구청에 간다? • 224
- 제3세계 어린이에게 꿈과 희망을! • 227
- 배워서 남 주는 기쁨을 아는가 • 229
- 구직자의 개인 정보와 아이디어 유출을 막자 • 232
- 배낭족을 위한 여행 경비 해결법 • 234
- 전업주부도 당당한 전문가다 • 237
- 턱없이 모자란 노인 간병 인력 • 240

전유성의 別別想像
- 필요한 물건은 여행지에 가서 사자 • 231
- 이사할 때 동네 정보 남기기 • 236
- 입영 전 온 가족이 함께 자기 • 241

박준형의 FunFun Talk
- 임신하면 나라에서 선물을 주자 • 190
- 군인의 마음을 안정시키는 '변심 휴가' • 196
- 세금을 잘 내게 하는 방법, 선행권 • 202
- 군인의 건강과 자부심을 위해, 깔깔이를 오리털로 • 205
- 저소득층도 문화를 즐길 권리가 있다 • 208
- 취한 김에 용기 내어 기부해 보자, '술김에 기부' • 211
- 오늘 하루만큼은 용서가 강물처럼 넘쳐흐르길! • 217
- 전 국민 장기 자랑 대회 개최 • 239

박원순의 아이디어 스크랩
- 한일 라이온스클럽 비교, 진정한 사회봉사를 생각한다 • 222

City 오감 만족, 상상 예찬 도시 만들기 프로젝트

쓰레기통이 없으면 테러도 없다? • 244
회색빛 도시에 재미와 활력을! • 245
누구에게는 껌값에 불과한 벌칙금 • 249
정부 사이트 주소, 좀 신선하면 안 되겠니? • 252
오도 가도 못하고 땀만 한 바가지 • 257
광역 대중교통을 보다 편리하게 이용하자 • 259
경차를 권장하는 정부의 반경차적 행동 • 261
안전사고와 불안한 마음을 없애자 • 263
말 많고 잡음 많은 관용차 • 267
물 부족 국가 탈출을 위한 제안 • 271
공중 화장실에서 손 씻기가 불편해요 • 272
국민을 위한 평생 교육 프로그램 • 273
대학의 다양한 프로그램, 몰라서 못 간다 • 275
'밑져야 본전' 인 이중 부과, 책임을 물어야 한다 • 277
주민등록증 재발급, 발급지로 가라? • 279

전유성의 別別想像
정감 있는 다리 이름 • 253
다양한 자동차 경적 소리 • 260
환자가 타고 있습니다 • 266
전시회 관람 시간에 대한 한말씀 • 269

박준형의 FunFun Talk
전 국민 취미 대회 • 248
이날만큼은 시원하게 예고한다,
음주 운전 단속 예고제 • 251

박원순의 아이디어 스크랩
홍콩의 명물 행인천교를 예찬하다 • 254
도시를 위한 나무 기부 운동 • 281

Korea 지구상에서 가장 살고 싶은 곳이 되는 그날까지

국민 건강 증진과 관광객 유치를 동시에! • 285
외국인도 겁내하는 교통 혼잡 • 290
전 세계에 단 하나뿐인 공원 • 293
장애인도 여행을 즐길 권리가 있다 • 297
길거리가 관광지다 • 302

전유성의 別別想像
공항에서 한국말 배우기 • 287
재미있는 톨게이트 • 296

박준형의 FunFun Talk
우리나라를 배낭여행의 천국으로! • 286
사랑하는 이에게 별을 따줄 수 있는 관광지 • 295
新 외화 벌이, 세계인을 불러 모을 '동대문 바겐세일' • 299
한국에도 독특한 목욕 문화가 있다 • 303

박원순의 아이디어 스크랩
지붕 위에 염소를 키워 유명해진 관광지를 찾아가다 • 288
뮌헨에서 발견한 장애인을 위한 관광 가이드북 • 300
Flying Dream, 작은 트럭에 꿈을 싣고 • 304

좋은 아이디어에는 국경이 없다 • 306
해외 아이디어 뱅크, 어떤 곳이 있을까 • 308

Truth

소비자와 사랑에 빠지고픈
기업·공공기관을 위한 애정행각 노하우

유통기한 지난 빵을 먹는 기분 • 당신의 밥상은 글로벌 밥상? • 기업과 이용자 모두를 위한 행복한 잔칫상 • 잔액 남은 교통카드를 모아보아요 • 의심 없이 편하게 물건을 구입하는 법 • 우리 지역 문제는 우리 손으로! • 여성의 안전한 이동 권리를 위해! • 자칫하면 위험막이 될 수 있다 • 키가 작은 어른과 아이를 위한 작은 배려 • UCC도 공익이 더해지면 더 즐거워진다 • 주민과 공무원의 상호 소통을 위한 제안 • 수수료 스트레스, 이제는 날려버리자 • 보험료 부담을 줄이자 • 헷갈리지 않게 얼굴 보고 정확히 찍자 • 선거는 선택을 강요하는 것이 아니다 • 법은 쉽고 친근해야 한다

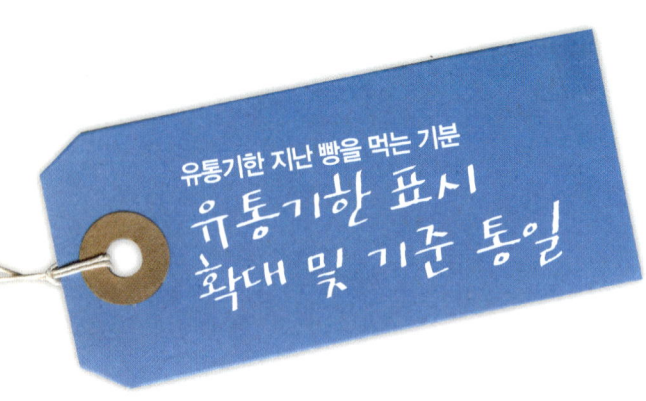

유통기한 지난 빵을 먹는 기분
유통기한 표시 확대 및 기준 통일

며칠 전에 매점에서 빵을 사 먹었는데, 알고 보니 유통기한이 지난 것이었다. 일상에서 흔히 일어날 수 있는 일이다. 물론 본인이 부주의한 탓도 있겠지만 대부분 유통기한이라는 것이 글씨도 매우 작고 때로는 잘 보이지 않는 곳에 찍혀 있어서 확인하기가 쉽지 않다. 물론 이를 눈에 띄게 잘 표시해 놓은 식품도 있지만 확인하기 어려운 식품 또한 많다. 특히 눈이 나쁜 사람이나 어르신들은 쉽게 확인하기 어려울 것 같다. 유통기한 표시는 식품뿐만 아니라 화장품을 비롯한 공산품에도 필요하다. 따라서 유통기한을 적절한 곳에 알아보기 쉽게 표시해 줬으면 좋겠다. 글씨가 너무 크면 제품의 포장 디자인이나 마케팅에 영향을 미칠 수 있겠지만 그보다는 소비자에게 올바른 정보를 주는 것이 중요하다고 본다.

유통기한 표시 기준도 업체마다 제각각이다. '제조일로부터 며칠간'이라고 표시하는 데도 있고 최종 유통기한을 표시하는 곳도 있다. 표시 공간도 단일화했으면 좋겠다. 우유의 경우 비교적 각 업체가 비슷한 곳에 유통기한을 표기해서 어렵지 않게 찾을 수 있지만 기타 식품은 어디에 적혀 있는지 확인하기가 쉽지 않다. 같은 업종끼리 협의해서 한곳으로 정해 놓으면 소비자는 보다 쉽게 유통기한을 확인할 수 있을 것이다. 그 기준 역시 통일해서 소비자들이 헷갈리지 않도록 해야 한다. '눈 뜨고 코 베어 가는 세상'이라는 말이 있듯 혹시라도 그 기준이 헷갈려서 유통기한이 지난 상품을 선택한다면 말 그대로 '눈 뜨고 불량식품 먹는 기분'일 것이다. 특히 유통기한은 국민의 건강과 직결된 문제인 만큼 소비자보호원이나 관련 시민단체에서 앞장서야 할 것이다. 물론 생산업체에서 가장 먼저 신경 써야 하는 것은 두말하면 잔소리다.

호종훈

식품의약품안전청에서는 유통기한 표기 글씨의 크기를 키우고 소비자가 찾기 쉬운 곳에 표기할 것을 골자로 하는 '식품의 유통기한 설정 기준' 입안을 예고했으며 시각 장애인을 위해 점자 표기 병행을 권고했습니다. 또 국민고충처리위원회에서도 이와 관련해 권고안을 작성해 발표했으며, 소비자보호원에서는 아이스크림의 유통기한과 제조 연월일 표기를 의무화하는 '축산물의 표시 기준' 개정안을 입법 예고했습니다.

당신의 밥상은 글로벌 밥상?
식재료 원산지 표기 의무화

지금 이 글을 읽고 있는 당신은 오늘 식당에서 무엇을 드셨습니까? 고기를 먹었다면 덴마크나 헝가리산일 확률이 높고, 동료와 기분 좋게 술 한잔하면서 안주로 수산물을 먹었다면 중국이나 베트남, 말레이시아산일 수 있다. 한식집에서 먹는 김치도 예외는 아니다. 배추와 고추의 경우 빛깔이 붉으면 붉을수록 중국산일 가능성이 높다. 사실 생각보다 많은 외국의 먹을거리가 한국에 들어와 시중에 유통되고 있다. 이 땅에 사는 어느 누구도 '글로벌 밥상'에서 자유롭지 못한 것이 현실이다.

　물론 세계 시장이 대부분 개방된 요즘 '한국산'만 고집하는 것도 문제는 있다. 따라서 정부에서는 농민의 매출 증대를 위해 다양한 정책을 내놓고 사회적으로 '웰빙 먹을거리'에 대한 관심이 높은 만큼 요식업소에서 사용하는 식재료의 원산지 표기를 의무화했으면 한다. 이렇게 하면 농가에도 도움이 되고 먹는 사람들 역시 자신이 무엇을 먹었는지 정확히 알고 안심할 수 있을 것이다. 특히 자녀를 키우는 어머니는 식재료에 관심이 많고 웬만하면 아이에게 국산을 먹이고 싶어 하는 것이 사실이다. 어머니들의 걱정도 덜고 농민들의 매출 증대에도 도움이 되는 원산지 표시 제도를 의무화하자. 이 제도는 단지 '내가 무엇을 먹었는지 확인하는' 차원이 아니라 자신이 먹을 것을 선택할 수 있는 기본 권리를 보장하는 것이다.

  소중한 자신의 몸에 들어가는 음식인데 어떤 것인지도 모른 채 먹어서야 되겠는가. 요즘 일부 기업에서는 공산품의 경우 최종 관리자의 이름을 제품에 표시하기도 하는데, 어느 나라 제품인지도 모른 채 음식을 먹는다는 건 말이 안 된다. 또 이 제도를 실시하면 음식점들도 자기 경쟁력을 더욱 부각할 수 있다. '우리는 유기농 한국 재료만 사용한다'고 밝힘으로써 고객에게 어필할 수도 있다.

새봄

💡 농산물 운반차에 현수막을

수확기가 되면 지방 산지에서 농산물을 한가득 싣고 전국으로 이동하는 운반차를 종종 볼 수 있다. 이런 차에 채소나 과일의 산지 정보를 적은 현수막을 걸어두는 건 어떨까?

"경남 밀양의 청양고추가 전국에 매운맛을 보여주러 갑니다."

"전남 나주 배가 서울로 시집갑니다."

"강원도 감자, 맛보시래요."

이렇게 써놓으면 보는 사람도 재미있을 것이다.

직접 주문할 수 있는 산지 전화번호를 함께 적는 것도 좋다. 휴대폰에 저장해 두었다가 언제든지 필요할 때 주문할 수 있게 말이다. 운반차를 단순히 운반 수단으로만 보지 말고 홍보를 위한 광고판으로 활용해 보자. 이렇게 하면 지역의 특산물을 홍보하는 효과도 있을 것이다.

고속도로에서 운전하는 것만큼 지루한 일도 드물다. 그러니 중간 중간 재미있는 문구를 써놓은 차량을 만나면 꽤 관심 있게 지켜볼 사람이 많을 것이다. 이처럼 이제 우리 농가에도 점점 마케팅 능력이 필요해지고 있다. 고속도로를 달리는 운반차 하나 가지고 무슨 마케팅이냐고 할지 모르지만 아주 사소한 것에서 시작되는 것이 다름 아닌 마케팅이다. 치열한 경쟁에서 살아남기 위해서는 작은 것 하나라도 신경을 써야 한다.

전유성의 別別想像

기업과 이용자 모두를 위한 행복한 잔칫상
포인트 기부 시스템

요즘 이동전화나 신용카드는 거의 대부분 사용한 만큼 각종 포인트를 적립해 준다. 이 포인트를 사용하는 방법이야 사람에 따라 천차만별이지만 때로 바쁜 생활에 쫓기다 보면 당연한 자신의 권리를 누리지 못할 수도 있다. 해가 바뀌면 그 포인트는 상당수 자동으로 소멸되기 때문이다. 뉴스를 보니 그 포인트를 돈으로 환산하면 1,000억 원대가 넘는다고 한다. 그 포인트를 그냥 그렇게 자동으로 없앨 게 아니라 기부할 수 있게 하면 어떨까? 어차피 쓰지 않고 그대로 버릴 거라면 그 포인트를 모아서 힘들게 살아가는 이웃이나 경제적으로 어려운 시민단체를 도울 수 있을 것이다. 포인트를 기부하게 하는 특별한 행사를 기획할 수도 있고, 각 회사에서 기부를 유도하는 문자나 이메일을 보낼 수도 있다. 회사 입장에서는 좋은 일을 하고 있다는 사실을 알려 긍정적인 이미지를 심어줄 수 있고 기부자도 자부심을 가질 수 있으니 모두를 위한 행복한 잔칫상이 되지 않을까? 가령 해가 넘어갈 때 포인트가 없어진다면 12월 초부터 이런 행사를 시작해 연말에 그동안 모은 적립금을 추운 겨울 힘들고 어렵게 살아가는 이웃을 위해 쓰는 건 어떨까? 연말연시에 전 국민이 포인트를 모아 불우한 이웃을 돕는 거국적인 기부 행사로 발전시킬 수도 있을 것이다. 국민은 한 해 동안 열심히 포인트를 적립해서 쓰고 남은 건 연말에 기부하고, 카드 회사는 전년도에 회원들이 기부한 포인트로 이웃을 위해 봉사하는 행복한 1년이 되었으면 한다.

이귀보

포인트로 살아가는 21세기 인간형

박준형의 FunFun Talk

신용카드의 종류도 너무나 많고 쌓이는 포인트도 한두 종류가 아니다. 매장별로, 업종별로 정말로 다양한 포인트가 있다. 사실 나도 내가 쌓아놓은 포인트가 얼마나 되는지, 그걸 어떻게 써야 할지 잘 모른다. 포인트에 특별히 관심이 많은 이들을 빼고는 그 많은 포인트를 제대로 챙겨 쓰는 사람은 드물지 않을까 싶다. 그런데 가만 보니 이렇게 많은 포인트를 이리저리 잘 조합하면 그것만 가지고도 살아갈 수 있지 않을까 하는 생각이 들었다. 생활의 100퍼센트를 포인트로 해결할 수는 없겠지만 상당 부분은 포인트에 의존해 살아갈 수 있지 않을까? 포인트 전문가가 각 카드별 포인트를 철두철미하게 연구해 그 포인트를 쓰는 방법, 이를테면 일상생활에서 어떻게 활용할 수 있는지 알려주는 것이다. 구성은 아마도 이렇게 될 것이다. 제1장 OK캐쉬백으로 살아가기, 제2장 LG카드로 하루 종일 밥 먹기, 제3장 대한항공 마일리지와 함께 등등. 가능하다면 서로 호환되는 포인트도 샅샅이 찾아주면 좋겠다. 그렇게 해서 포인트로 일상생활을 영위할 수 있게 되면 이른바 '포인트 헌터' 라는 사람도 생기지 않을까?

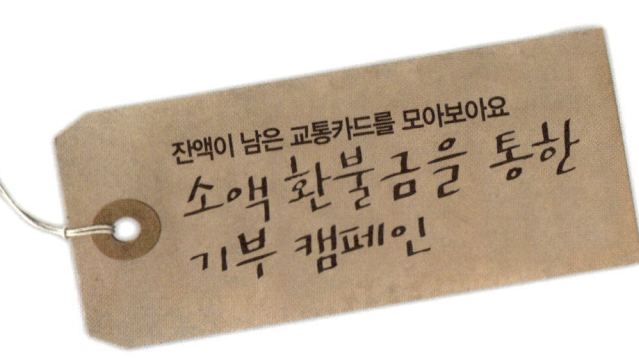

잔액이 남은 교통카드를 모아보아요
소액 환불금을 통한 기부 캠페인

교통카드의 경우 잔액이 300원 이하로 떨어지면 거의 환불해 가지 않는다. 푼돈인데다 번거로운 탓도 있지만 카드가 파손된 경우 배보다 배꼽이 클 수도 있다. 지역에 따라 환불 수수료를 부과하기도 한다. 이렇게 이런저런 이유로 환불을 포기하는 사람이 꽤 있는데 생각해 보면 사실 조금 억울할 것이다. 단돈 100원이라고 해도 돈의 가치가 없는 것은 아니기 때문이다. 서민들은 시장에서도 단돈 몇백 원을 깎으려고 애쓰고, 그런 100원이 모여 1,000원이 되고 1만 원이 되는 것이 아닌가.

잔액이 남아 있음에도 쓰지 못하는 교통카드를 모아서 다양한 캠페인을 벌일 수 있다. 일단 환불 수수료를 전면 폐지하도록 건의하고 단체별로 모은 교통카드의 환불을 요구하는 것이다. 이렇게 환불한 돈은 물론 개인이 가질 수도 있지만 공공의 이익을 위해 일하는

NGO를 돕는 데 쓰거나 소외된 이웃을 위해 기부할 수도 있다. 그러니까 교통카드의 환불 수수료 문제를 해결하는 한편 소액 환불금 기부를 장려하는 캠페인으로 발전시켜 가자는 이야기다.

정을호

박준형의 FunFun Talk

포인트나 마일리지의 상호 변환은 어때요? 고객을 직접 상대하는 서비스업체에서는 대부분 포인트나 마일리지 제도를 운영하고 있다. 그런데 그 종류가 워낙 많다 보니 쌓아놓고 쓰지 않는 경우도 허다하고 도대체 자신의 포인트가 어디에 얼마나 쌓여 있는지 확인하기도 힘들다.

이런 상황을 고려해 각 회사에서 공동 마케팅으로 포인트나 마일리지를 변환해 주는 것은 어떨까? 물론 해당 회사에도 도움이 되어야 하니까 가령 100포인트를 다른 회사 서비스를 이용하는 데 쓴다면 30포인트 정도는 일종의 수수료(?)로 떼는 것이다. 이렇게 하면 해당 회사에서는 포인트를 차감할 수 있어 도움이 될 것이고, 또 다른 회사와 공동 마케팅을 할 수도 있으니 일석이조가 아닐까? 이를 위해서는 물론 '얼마 대 얼마의 비율로 변환한다' 는 기준이 명확해야 한다. 인터넷 사이트를 이용해 해당 회사와 자신이 보유한 포인트를 입력해 놓고 클릭하면 단번에 다른 회사의 포인트로 변환해 주는 시스템을 갖추면 이용자의 편의도 도모할 수 있을 것이다.

포인트는 앞으로 국민의 생활 경제를 움직이는 중요한 서비스가 될 것이다. 지금처럼 되는대로 방치하지 말고 보다 유기적으로 활용할 수 있는 길을 찾아보는 것은 어떨까?

의심 없이 편하게 물건을 구입하는 법
시장 물건 가격 표기 의무화

어릴 때 시장에 가면 어김없이 물건 값을 깎으려는 아주머니와 제값을 받으려는 상점 주인 간의 실랑이를 볼 수 있었다. 가격을 표기하지 않고 흥정하는 풍경이 한국의 문화로 받아들여지기도 했을 정도다. 가격을 좀 깎으면 심리적으로 뭔가 더 싸게 산 것 같은 즐거움이 있긴 하다. 판매자도 비록 가격을 좀 깎아주긴 했지만 물건을 팔았다는 뿌듯함이 있다.

하지만 가격을 표기하지 않음으로써 얻을 수 있는 이익보다는 표기했을 때 주어지는 이익이 훨씬 크다. 특히 인사동, 명동같이 외국인이 많이 오가는 곳에서는 가격을 표기하지 않고 바가지를 씌우는 일이 비일비재하다. 내국인이야 가격이 쓰여 있지 않아도 어느 정도 시세를 알기 때문에 대부분 적정 가격에 거래가 이루어지지만, 외국인의 경우 시세를 알 수 없고 그래서 주인이 부르는 가격을 선뜻 믿기가 힘들다. 이들이 나중에 진짜 물건 값을 알았을 때 어떤 생각을 하겠는가. 한국과 한국의 상인에 대한 나쁜 이미지가 남는 것은 물론이고, 자기 나라에 돌아가서는 친구들에게 '한국의 상인들은 믿을 수 없으니 주의하라' 고 말할 것이다.

　일본에 갔을 때 거의 모든 상품에 가격이 표기돼 있어서 너무나 편하게 물건을 산 기억이 있다. 마트와 같은 대형 유통업체 이야기를 하는 게 아니다. 지방의 조그만 재래시장에 가도 하나하나 물건 값을 붙여놓았다. 이런 제도를 전국적으로 당장 시행하는 것이 무리라면 먼저 인사동이나 명동같이 외국인이 많이 찾아오는 곳부터 가격 표기를 의무화했으면 한다. 그리고 차츰 재래시장까지 확대해 나간다면 보다 믿을 만한 상거래를 할 수 있을 것이다.

　　　　　　　　　　　　　　　　　　　　　　　　🙂 희망의 숲

우리 지역 문제는 우리 손으로!
지자체 신문의 지역 주민 참여

지방자치단체에서는 대부분 월 1회 이상 신문을 발행해 집집마다 배포하고 있다. 하지만 그 내용이나 형식은 천편일률적이다. 지자체의 직·간접적 홍보나 유력 인사의 동정, 그리고 관내 일회성 소식으로 채워 한마디로 읽을거리가 부족하고 지역 주민의 목소리를 담아내는 것도 쉽지 않다. 이렇게 지역 주민의 관심과 요구를 제대로 반영하지 못하니 사람들은 '그저 발행됐나 보다' 생각할 뿐, 실제 들어간 예산만큼 효과를 보지 못하는 것이 현실이다.

그런 의미에서 한 가지 제안을 하고 싶다. 이런 신문 지면의 일부를 지자체와는 독립적으로 주민이 직접 편집하도록 하면 어떨까? 여과나 수정 없이 시정 또는 구정의 잘잘못을 따져 공직자들을 긴장케 한다든지 지역의 이슈를 공론화해 분쟁이나 갈등을 사전에 여과한다든지 하는 순기능이 아주 크다고 본다.

물론 앞에서도 언급했지만 주민의 편집권은 절대 침범해선 안 된다. 특히 지역 주민의 민감한 이슈를 반영하는 만큼 적절한 편집위

원회를 구성하고 주민의 참여도 높여야 한다. 이렇게 하면 풀뿌리 민주주의의 기반인 지자체 행정을 더욱 발전시키고 정상 궤도에 안착시킬 수 있을 것이다.

'모든 시민은 기자다'를 모토로 출발한 모 시민 뉴스 사이트가 큰 성과를 거둔 적이 있다. 이는 그만큼 여론 형성과 매체 제작에 대한 시민들의 참여 욕구가 크다는 것을 증명한다. 전국 규모의 뉴스 사이트뿐 아니라 이렇게 지역에서 작게 운영하는 자치단체 신문에서도 시민들의 참여 공간을 열어준다면 분명히 활성화될 것으로 확신한다.

👁 시민평가단 초당

정겨운 마을로 변신한 도심 속 아파트

울산광역시 남구 무거1동에 가면 '두레마을'이라는 곳이 있다. '마을'이라는 이름 때문인지 흔히 외지인은 말 그대로 단독주택이 모여 있는 마을을 생각한다. 하지만 이곳은 엄연히 관리사무소까지 있는 아파트다. 정식 명칭은 '굴화 주공 1차 아파트'다. 이곳 주민들이 좀 더 공동체적이고 이웃 간의 정을 돈독히 할 수 있는 두레마을이라는 이름으로 바꾸었다고 한다.

 이 아파트는 다른 아파트와는 달리 단지에 작은 정원과 연못, 물레방아가 있고 냇물이 흐른다. 곳곳에 화단을 조성하고 정자와 의자도 배치했다. 봄이 되면 화단에 온갖 꽃이 피어나 대형 정원이라는 느낌이 든다. 아치형 꽃길도 만들어놓아 여름에 그 아래를 지나가면 에어컨 바람이 부럽지 않을 정도로 시원하다. 이 모든 것이 관리사무소와 입주자대표회의 주민들의 협력과 노력이 낳은 산물이다.

 더 재미있는 사실은 이 아파트의 관리사무소는 종합 수리 센터로서 기능한다는 점이다. 공동 관리 구역은 물론이고 어느 가정집의 전구가 나갔다거나 수도가 고장 났다고 해도 즉각 달려가 수리해준다. 보통 사람들은 TV나 가전제품이 고장 나면 가까운 전파상을 찾지만 이 마을에서는 관리사무소 사람이 달려간다. 물론 실비로 서비스한다. 그래서 이 아파트 관리사무소는 조경에 필요한 시설이나 공구, 비품 따위로 가득하다. 이 관리사무소에서 몇 년간 근무하면 조경이나 수리 전문가가 되어 나간다고 한다. 심지어 여기서 배운 기술을 토대로 창업한 사람도 있다. 주민에게도 좋고 관리사무소 직원에게도 좋은 상생적 실험이다. 참 아름다운 아파트다.

여성의 안전한 이동 권리를 위해! 심야 좌석버스 조명을 밝게

좌석 두 개가 붙어 있는 광역버스를 늦은 밤에 탈 때면 운전사 바로 뒷좌석이나 내리는 문 뒷좌석에 앉으려고 하는 여성이 많다. 아마 직접적인 성추행을 피하고 쓸데없는 오해의 소지가 없었으면 하는 바람 때문일 것이다. 거기다 실내의 어두운 조명이 이런 불안한 심리를 더욱 부추긴다. 주변에 다른 승객도 있고 소리만 지르면 충분히 운전사에게 들릴 텐데 뭐가 그렇게 불안하냐고 할 수도 있지만 사람들이 꽉꽉 들어찬 출퇴근 시간대의 지하철에서도 성추행이 심각하다는 점을 생각하면 여성의 입장에서는 충분히 불안한 분위기라고 할 수 있다. 또 여성이 성추행을 당해도 그 자리에서 크게 소리 지르거나 항의하는 경우는 생각보다 드물다. 여성으로서 느낄 수 있는 수치심 때문이다.

심야 좌석버스 조명을 좀 더 밝게 하는 것은 여성뿐 아니라 남성을 위해서도 좋은 일이다. 어두운 조명은 모든 남성을 '잠재적인 성범죄자'로 몰아갈 수 있기 때문이다. 바로 내 남편, 내 남동생을 '잠재적인 성범죄자'로 보는 눈길을 좋아할 여성이 어디 있겠는가.

　에너지 절약 차원에서 버스 안의 조명을 어둡게 하는 것도 물론 공감할 수 있다. 하지만 여성들이 늦은 시간에도 자유롭고 안전하게 이동할 수 있도록 심야 좌석버스의 조명을 좀 더 밝게 했으면 한다.

왓아룬

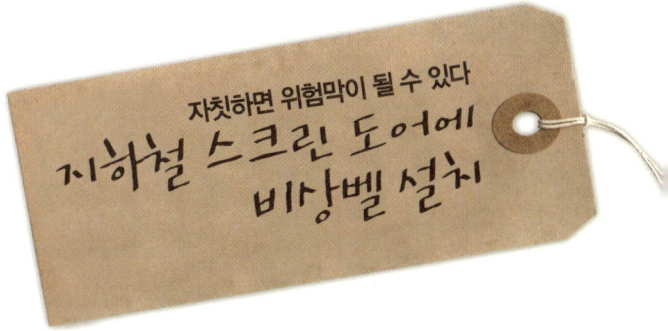

시민의 안전을 위한 스크린 도어가 서울 지하철 전역으로 확산되고 있다. 취객이 자칫 철로로 떨어지기도 하고 때로는 '묻지 마 범죄'의 표적이 되기도 하기 때문이다. 지하철 이용자의 안전을 위해서 바람직한 일이라고 본다. 더불어 추락과 같은 안전사고 위험을 줄일 수 있도록 전국의 지하철뿐 아니라 플랫폼이 있는 모든 철도역에 적용했으면 하는 바람이다.

하지만 만약 스크린 도어가 오작동하는 경우라도 생긴다면, 그때는 안전막이 아니라 오히려 '위험막'이 될 수도 있겠다는 생각이 들었다. 철로로 추락했다가 다시 올라오려는데 스크린 도어가 열리지 않는다든지, 스크린 도어에 사람이 끼이기라도 하면 말 그대로 생명을 위협하는 참혹한 일이 발생할 수도 있다.

이런 사고를 방지하기 위해 역내 안전요원을 확충하든지, 그것이 현실적으로 어렵다면 스크린 도어 옆에 비상 버튼이라도 설치했으면 한다. 시민의 안전을 위한 스크린 도어가 제 역할을 충실히 하려면 이렇게 위험에 미리 대비하는 노력이 뒤따라야 한다.

　기껏 많은 비용을 들여서 스크린 도어를 설치해 놓고 제대로 작동하지 않는 지하철역도 있다. 전시 행정의 대표적인 예라고 할 수 있다. 한번 시작한 제도는 끝까지 정착시키려는 노력이 뒤따라야 한다. 끊임없이 반복되는 지하철 사고를 예방하고 소중한 생명을 지키기 위해서 좀 더 많은 노력이 필요하다는 것을 알아주었으면 한다.

시민평가단 임병해

전유성의 別別想像

상향등 깜빡임을 '먼저 가세요'로
운전을 하다 보면 위험에 직면할 때가 많아 신경이 바짝 곤두서고, 그런 만큼 옆에 있던 차가 작은 실수라도 하면 사정없이 욕을 하거나 사납게 달려들게 된다. 운전 중에 옆 차선의 차가 갑자기 끼어들거나, 파란 신호로 바뀌었는데도 앞차가 출발하지 않을 때 사정없이 경적을 울려대는 습관이 있다. 운전자라면 누구나 한번쯤 그런 경험을 해봤을 것이다.

그런데 문득 우리 운전 문화에선 '화났다'는 표현은 있지만 상대방에게 양보하려 할 때 쓸 수 있는 적당한 표현이 없다는 생각이 들었다.

좁은 골목에서 앞쪽에 차가 보일 때 먼저 진입해도 좋다든가 사거리나 건널목에서 다른 차나 보행자에게 길을 내줄 때 등 상대방에게 양보와 배려를 표시할 때 상향등을 깜빡이는 건 어떨까? 대개 정반대 의미로 사용하는 수단이라 양보와 배려의 의미로 정착시키려면 시간이 걸리겠지만, 모두 한마음으로 동참한다면 운전하는 사람들의 기분이 한결 상쾌해질 것이다.

교통방송에서 이에 대해 홍보해 주면 훨씬 빠른 시간 내에 정착될 수 있을 테고, 대략 상황을 보면 지금 저게 기분 나쁘다는 뜻인지, 아니면 양보의 뜻인지 금세 알아차릴 수 있을 것이다. 깜빡이는 상향등의 의미를 '나 화났다'에서 '먼저 가세요', '괜찮습니다'로 바꾸는 것에 대한 여러분의 생각은 어떠신지.

> 키가 작은 어른과 아이를 위한 작은 배려
> # 지하철 손잡이 높낮이를 다르게

지하철 안에 안전을 위한 손잡이가 있지만 그 높낮이가 모두 똑같아서 아쉬울 때가 많다. 물론 청소년이나 어른은 대부분 별다른 불편함 없이 손잡이를 잡을 수 있다. 하지만 어린이나 노인을 비롯해 키가 작은 사람들은 높이 매달린 손잡이를 잡지 못해 지하철 안에서 허둥지둥할 때가 많다. 물론 곳곳에 세워져 있는 안전봉을 잡으면 되지만 손잡이만큼 많지 않고 지하철 안에 사람이 많을 경우에는 그마저도 쉽지 않다.

특히 아이들은 아예 손잡이가 손에 닿지 않고 뛰어 노는 것을 좋아하다 보니 지하철 안에서도 여기저기 돌아다니기 일쑤인데, 잘못하면 넘어질 수도 있겠다는 생각이 들었다. 물론 부모가 아이들을 잘 돌보면 되겠지만 들고 있는 짐이 많다거나 갑자기 휴대폰이 울릴 경우 계속해서 아이의 손을 잡고 있을 수도 없다. 이럴 때 아이의 안전을 지켜줄 장치가 있으면 좋겠는데 마땅히 잡고 서 있을 만한 것이 없다.

결론적으로 현재 지하철 손잡이가 다양한 사람들의 욕구를 충족시키지 못한다는 생각이 들었다. '높낮이가 다른 지하철 손잡이'라면 이러한 문제를 쉽게 해결할 수 있지 않을까? 이미 일본에서는 이 아이디어를 지하철에 적용해 좋은 반응을 얻고 있다. 키가 크든 작든 신체 조건 때문에 일상생활을 하는 데 불편함을 겪지는 않았으면 좋겠다. 작지만 세심한 아이디어를 실생활에 적용해 다양한 사람들을 배려했으면 한다.

반인반마

이 아이디어는 서울도시철도공사에서 받아들여 2007년 5월 1일부터 적용되고 있습니다. 서울도시철도공사에서는 5~8호선 시범객차의 한 차량(8량)에 기존 167센티미터보다 10센티미터 정도 낮은 손잡이 열여섯 개를 설치했습니다. 앞으로 모든 전동차로 확대할 예정입니다. 또 서울메트로는 신형 전동차 28편에 노약자석 앞 손잡이를 기존보다 10센티미터 낮춰 설치했으며 올해 시범 운영과 설문조사를 거쳐 2008년에 1·2호선, 2009년엔 3·4호선 전체에 높이가 낮은 손잡이를 설치할 계획입니다.

개그맨의 지하철 안내 방송

출퇴근길 대중교통을 이용하다 보면 짜증나는 일이 많다. 사람들로 꽉 찬 지하철에 끼어 출근하면 아침부터 몸도 지치고 마음까지 후줄근해지는 기분이 든다. 출퇴근 시간 지하철에서 잠시나마 즐거움을 누릴 수 있도록 안내 방송을 바꿔보는 건 어떨까? 보통은 지하철을 운전하는 기관사가 안내 방송을 하지만 그 대신 '바보 영구' 목소리라든지 우리에게 익숙한 개그맨의 멘트를 활용해도 괜찮을 것이다.

"다음 정차할 역은 어딜까요? 여의도, 여의도역이랍니다."

"이번 역은 구파발역입니다. 내릴까, 말까."

이렇게 재미있는 안내 방송이 나온다면 지하철을 타고 가는 승객들의 지친 얼굴에 잠시나마 웃음이 지나가지 않을까? 엄마와 함께 나들이 나온 아이들도 잠시나마 활짝 웃을 수 있을 것이다.

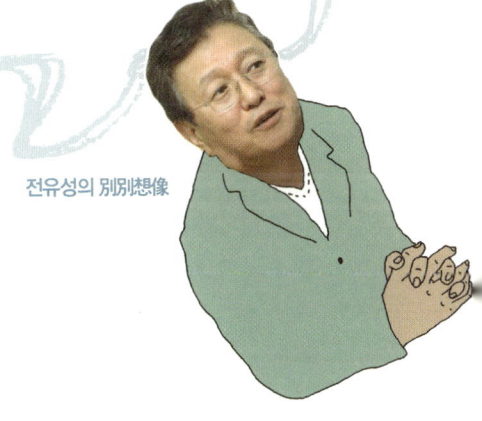

전유성의 別別想像

UCC도 공익이 더해지면 더 즐거워진다
동영상 시청 전후의 공익광고

 오늘도 재미있는 동영상을 보기 위해 인터넷에 접속했다. 관심 있는 동영상을 찾아서 보았는데, 어김없이 이번에도 시작할 때와 끝날 때 일반 사기업의 광고가 나온다. 순수하게 동영상만 감상하고자 하는 목적과는 달리 동영상을 시청하려면 지겨운 광고를, 그것도 비슷비슷한 광고를 반복해서 봐야 한다. 사업자의 수익적인 측면을 고려하면 광고를 넣지 않을 수 없겠지만 나 같은 사람은 이런 광고에 넌더리가 날 지경이다.

 그래서 생각해 본 것인데, 원하는 동영상을 시청하기 위해 어쩔 수 없이 봐야 하는 광고라면 누구에게도 거부감을 주지 않고 도움이 될 만한 공익광고나 삶의 희망을 주는 내용을 담은 영상을 내보내면 어떨까? 정부의 정책을 알려 행정기관의 문턱을 조금 낮추어도 좋을 듯하다. 그 취지가 좋든 나쁘든 일반 국민은 정부의 정책에 대해 모르는 경우가 허다하다. 정부가 사업자로 나서서 동영상 미디어 플레이어업체의 동영상 시청 전 광고를 통해 정부의 정책을 알리거나 공익적인 내용을 소개하는 것도 고려해 볼 만하다. 그러면 정부는 적은 돈으로 효과적인 홍보를 할 수 있고 국민은 짜증나는 상업광고를 보지 않아도 되니 일석이조가 아닐까?

풀씨의 꿈

느린 게임도 필요하다

요즘 사회에서는 빠른 것이 미덕이다. 늘 '빨리빨리'를 외치면서 눈앞에 보이는 성과를 내는 것도 나쁘지 않지만, 그렇게 하다 보니 삶 자체가 너무 팍팍해지는 느낌이다. 특히 초고속 인터넷이 널리 퍼지면서 이제는 빠르지 않으면 욕을 먹는 시대가 되어버렸다. 휴대폰도 마찬가지다. 기다릴 필요 없이 언제든 문자를 날릴 수 있고 통화 버튼만 누르면 원하는 상대와 바로 통화를 할 수 있다.

반면에 기다림의 미덕과 여유는 점차 사라지고 있다. 그중에서도 가장 극단적인 것이 바로 인터넷 게임이다. 순식간에 사람을 죽이고 적의 영토를 점령해야 하니 '빠름'은 게임을 할 때 꼭 필요한 요소 중 하나다. 사회 트렌드가 이렇다 보니 이제는 오히려 '느림'이 또 하나의 트렌드로 자리매김하고 있다. 앞으로 우리 사회는 점차 고령화되어 갈 것이다. 그런 의미에서 이제는 '느린 게임'도 필요하지 않을까? 특히 나이가 들면 시력도 나빠지고 손가락 움직임도 젊을 때보다 눈에 띄게 둔해진다. 지금은 젊은 세대가 점차 나이가 들수록 느림을 중요시하는 게임도 필요해질 거라는 말이다. 세대에 어울리는 게임, 그것이 바로 중장년과 노인을 위한 느린 게임일 것이다. 이제는 천천히 즐길 수 있는 게임도 함께 생각해 보자.

전유성의 別別想像

주민과 공무원의 상호 소통을 위한 제안
1.5.3운동

얼마 전 지방의 한 도시에서 주민들에게 시정과 공무원에 관한 생각을 들을 기회가 있었다. 더불어 공무원들하고도 이야기를 나누었다. 주민과 공무원 모두 지금 살고 있는 도시에 대한 애정이 누구보다 컸다. 다만 서로의 의견을 어떻게 조율하고 반영해야 할지, 무엇을 요구해야 할지 방향을 잡지 못하는 듯 보여 안타까웠다. 주민은 주민대로 공무원에게 지나치게 많은 것을 요구하고 또 공무원은 주민의 요구가 정확히 무엇인지 파악하지 못하고 있었다.

공무원 한 명이 5단계 층(어린이/청소년/청년/중장년/노년)에서 각각 세 명씩 만나 이야기(인터뷰)를 나눈 뒤 앞으로 시정 방향을 잡아보는 운동을 했으면 한다. 이른바 '1.5.3운동' 이라고 할 수 있겠다. 시정은 중장년층 이상의 사회인이 만들어가는 게 아니라 현재와 미래를 살아가는 모든 사람의 의견을 골고루 취합해 반영해야 지속성이 유지된다. 주민들이 공무원을 찾아가는 단계를 벗어나 이제는 공무원이 주민들이 있는 곳으로 다가가서 마음을 열고 대화해야 '어우러진 시정' 을 펼쳐나갈 수 있을 것이다.

강피디

농민이라고 농사만 지으라는 법 있나? 농민주유소

직업에 대해 편견이 있는 사람이 있다. 특히 농민에 대해서는 사회적 편견이 심한 편이다. 말 그대로 '농촌에 사는 농민' 이니까 농사만 지어야 한다는 생각이 그것이다. 하지만 그렇다고 꼭 그럴 필요는 없다는 것을 증명해 보인 사람들이 있다. 이른바 '농민의 쌈짓돈으로 설립해 모든 이익을 농민에게 돌리는 농민주유소' 가 그곳이다. 이곳은 농민이 출자해서 농민이 운영하고 농민에게 이익이 돌아가는 협동조합의 성격을 띤 주유소다. 소비자들이 뭉쳐서 만든 기업인 셈이다.

농민이 웬 주유소? 그렇게 생각할 필요는 전혀 없다. 가뜩이나 농촌 경제가 어렵고 한미 FTA 등으로 살길이 더욱 막막해진 지금, 이런 발상의 전환을 통해 살길을 개척하는 것도 좋은 방법이다. 이 농민주유소의 사례를 통해 다른 아이디어도 얼마든지 실현 가능하다고 본다. '평생 농사만 지어서 아는 것이 농사밖에 없다' 고 넋두리만 하고 있을 것이 아니라 끊임없이 배우고 새로운 것에 도전하는 자세가 필요한 시점이다. 어떤 어려움이 닥치더라도 뭉치면 살고 흩어지면 죽는 법이다. 서로를 잘 아는 지역 공동체 사람들이 배려와 양보를 기반으로 사업을 하는 것도 나쁘지 않다.

수수료 스트레스, 이제는 날려버리자
출금 전 수수료 공지 시스템

은행에서 자동화 기기로 돈을 인출할 때 수수료를 몰라 머뭇거릴 때가 있다. 물론 대개는 자동화 기기 옆에 수수료에 대한 안내가 붙어 있다. 하지만 은행 밖에 있는 자동화 기기는 거의 그렇지 않고, 또 안내와는 다르게 수수료가 나오거나 상황이 애매해서 정확한 수수료를 알 수 없는 경우도 많다. 예를 들어 농협에서는 하루에 1만 원까지 수수료 없이 출금할 수 있다. 하지만 이 정보는 어디에도 명시되어 있지 않다. 그래서 처음 이 이야기를 들었을 때 영업시간 외에 1만 원을 출금하면서 반신반의했고 수수료가 붙지 않을까 은근히 스트레스를 받기도 했다. 또 요즘은 수수료가 조건부로 면제되는 카드도 많다. 예를 들어 국민은행의 직장인카드는 3개월 동안 급여가 그 통장으로 입금되면 수수료가 면제된다.

하지만 출금 전에 수수료 면제 여부를 정확히 아는 것은 힘들다. 면제되는 줄 알고 돈을 뽑았는데 버젓이 수수료가 나온 경험도 있다. 특히 은행 CD기가 아닌 일반 CD기의 경우 그 수수료가 상당히 높다. 또 이런 기기는 거의 대부분 수수료에 대한 안내가 어디에도 없다.

사실 생활하기 빠듯한 일반 서민에게 1,000원이 넘는 수수료는 경제적인 부담까지는 아니더라도 은근히 심리적인 압박감을 주는 요소로 작용한다. 때로는 이 수수료 때문에 송금해야 할 돈에서 1,000원이 부족해 난감한 경험을 할 수도 있다.

이런 상황을 방지할 수 있는 좋은 방법은 출금 전에 수수료를 미리 알려주는 것이다. 그리고 나서 출금할 것인지 아닌지 한 번 더 묻고 출금하도록 하면 된다. 그러면 돈을 찾는 사람은 보다 적은 수수료를 내는 방법을 강구할 테고 결론적으로 이런 공지 시스템은 은행 수수료를 더 낮추는 계기로 작용할 수 있다.

driller

2007년 3월, 금융감독원은 2007년 안에 시중 전 은행과 협의해 자행 카드뿐만 아니라 타행 카드까지 수수료를 미리 공지하는 시스템을 구축하겠다고 밝혔습니다. 하나은행은 자행 카드에 한해 사전에 수수료를 공지하겠다고 발표했으며 농협도 곧 수수료 사전 공지 시스템을 도입할 계획입니다.

전유성의 別別想像

💡 **색다른 자동 응답기 목소리** 요즘 자동 응답기를 이용하는 회사가 많다.

"정성을 다하는 여러분의 ○○○입니다. ~을 하시려면 1번, ~을 하시려면 2번…… 상담원과 직접 통화를 원하시면 0번을 눌러주세요."

어디에 걸건 자동 응답기에서는 한결같은 톤의 한결같은 여자 목소리가 흘러나온다. 알아듣기 쉽다는 장점이 있지만 늘 똑같은 목소리라 지겨울 때도 있다. 이 한결같은 목소리를 각 회사의 특성에 맞게 색다르게 바꿔보면 어떨까? 열정이 넘치는 벤처기업이라면 사장이 직접 출연해 회사의 이미지를 전하는 것도 좋을 것이다.

"저는 ○○○ 사장, 아무개입니다. 관리부와 통화하시려면 1번, 기획실과 통화하시려면 2번…… 그리고 혹시 저희 회사와의 거래에 문제가 있다면 저에게 직접 전화 주시면 됩니다. 제가 고객 여러분의 불만을 한번에 해결해 드리겠습니다."

패기 넘치는 신입사원의 목소리도 신선하고, 직원 자녀의 귀여운 목소리도 앙증맞을 것이다.

많은 회사가 자사의 브랜드와 이미지를 알리기 위해 노력하고 있다. 큰돈을 들여 TV나 신문에 광고하는 것도 효과가 있겠지만 이렇게 작은 것 하나부터 바꿔나가려는 노력이 고객에게는 더 크게 다가갈지도 모른다.

보험료 부담을 줄이자
주말책임보험료 차등 적용

 승용차를 소유하고 있다면 누구나 '책임보험료'라는 것을 내야 한다. 하지만 일부 가정에서는 주말에만 승용차를 이용하기도 한다. 평일에는 도로 정체 때문에 거의 집에 주차해 두고 주말에만 가까운 근교에 나가거나 쇼핑을 할 때 승용차를 이용하는 것이다.
 따라서 승용차를 이용하지 않는 평일의 책임보험료도 내야 한다는 점이 문제로 부각된다. 평일에도 비용을 낸다는 것에 대한 보상 심리 때문에 특별한 이유가 없는데도 승용차를 이용하는 경우가 있는데 큰 낭비가 아닐 수 없다. 굳이 국가적인 낭비를 들먹이지 않더라도 평일에 승용차를 거의 이용하지 않는 사람이 그렇지 않은 사람과 똑같은 보험료를 내는 건 내심 불평등하다는 생각이 든다. 이렇게 주말에만 승용차를 이용하는 사람들을 위해 보험료를 차등 적용하는 방법을 고려해 보면 어떨까? 일명 '주말책임보험료'라고 할 수 있겠다. 물론 이렇게 하려면 주말에만 이용하는 특정 차량은 번호판 디자인이나 번호 자체를 달리해서 만약 평일에 이용할 경우 강력한 과태료를 부과해야 한다. 이 시스템이 정착되면 평일에는 대중교통 이용률이 높아지고 도로 정체도 완화되는 한편 책임보험료로 인한 시민의 부담도 줄일 수 있으니 일석삼조라고 할 수 있다. 새로운 차량 번호판을 디자인하는 것이 번거로울 수도 있지만 한번 시행하면 이로 인해 얻을 수 있는 이점이 많다고 생각한다.

제임스 리

고속도로 당첨 통행권 주말이나 명절에 자가용으로 여행을 떠날 때 꽉 막힌 고속도로에서 뻥 뚫린 버스 전용 차선을 보며 부러움의 눈길을 보낸 경험이 누구나 있을 것이다. 너무나 부러운 나머지 과감하게 버스 전용 차선으로 달려간다면 범칙금 6만 원, 벌점 30점에 눈물을 흘리게 될 테니 쉽게 용기를 내는 사람이 없는 건 당연한 일. 자가용도 합법적으로 버스 전용 차선을 달릴 수 있는 신나는 기회를 주는 것은 어떨까? 톨게이트에서 뽑는 통행권에 버스 전용 차선을 달릴 수 있는 당첨 통행권을 몇 개 포함시키는 것이다. 그리고 이 통행권을 뽑아 앞 유리에 붙이면 합법적으로 신나게 달릴 수 있게 하는 것이다. 안 뽑혀도 손해 볼 것 없고, 뽑히면 신나고, 언젠가 나도 뽑히겠지 기대해 볼 수 있는 당첨 통행권. 여행길에서 만나는 작은 재미가 되지 않을까? 물론 여기에 대해 부작용을 제기할 수도 있을 것이다. 짝퉁 당첨 통행권을 만들어 붙이고 다니는 사람, 아니면 그냥 버스 전용 차선을 달리다가 걸리면 통행권이 바람에 날아갔다고 둘러대는 사람도 생길지 모른다. 하지만 우리나라 사람들도 이제 점차 시민의식이 성숙해지고 있으니 한번 믿어보는 건 어떨까. 서로 속이지 않는 사회는 강요해서 되는 것이 아니라 점차 시민의식이 성숙해지면서 이루어지는 것이니까 말이다.

전유성의 別別想像

헷갈리지 않게 얼굴 보고 정확히 찍자
사진이 있는 투표용지

어린 시절 기억 한편에 몇 년 동안 집에 누워 계시던 어르신도 투표 날이면 나들이하는 기분으로 투표장에 가시던 모습이 남아 있다. 하지만 어르신들은 나이도 많고 판단력이 흐려져서 후보의 이름을 들어도 정확히 기억하지 못하는 경우가 많았다. 그래서 주위 사람들이 맨 위 사람이나 두 번째 사람에게 기표하라고 이르기도 했다. 하지만 그마저 신경 써서 기억하지 않으면 헷갈리는 경우가 허다했다. 물론 이제는 많은 국민이 후보의 이력이나 선거 공약을 숙지한 상태에서 투표에 임한다. 하지만 막상 투표용지를 받아보면 이름만 쓰여 있기 때문에 혼란스러울 때도 있다.

특히 지방자치제의 경우 유급 의원제로 바뀐 후 지원자가 많아져서 더욱 헷갈린다. 이제는 무소속 출마자도 많기 때문에 정당만 보고 투표하는 것도 힘든 상황이다. 공약은 살펴보지도 않고 특정 정당이라고 무조건 찍어주는 것도 이제는 구시대적 투표 행태라고 할 수 있다.

투표 현장에서 혼란스러움을 피하기 위해서는 물론 유권자가 사전에 후보의 정당과 이름은 물론, 공약까지 꼼꼼히 살펴야 한다. 하지만 매일 바쁜 생활에 쫓기는 현대인에게 그렇게 하라고 당위성만 강조하는 것도 의미가 없다. 오히려 바쁜 유권자들이 편리하고 효율적으로 투표할 수 있는 방법을 고민하는 것이 올바른 순서다. 이를테면 투표장에 가서도 누가 누군지 헷갈려서 선뜻 투표하지 못하는 일부 유권자를 위해 투표용지에 후보의 사진을 넣는 방법을 생각해 볼 수 있을 것이다. 그렇게 하면 한결 쉽고 편하게 투표를 할 수 있지 않을까?

희망사랑

선거는 선택을 강요하는 것이 아니다
적극적 거부권

지금의 선거 투표 방식에 대해서 다시 한번 생각해 볼 필요가 있다. 예컨대 유권자는 자신의 선택 기준에 따라 A라는 후보를 찍을 수도 있고, B라는 후보를 찍을 수도 있다. 하지만 '적극적인 거부'를 통해 자신의 의사를 나타낼 수 있는 방법은 전혀 없다. 어떤 당, 어떤 후보를 선택하는 것도 물론 정치 참여이지만, 현재의 정치 상황 자체를 거부하는 것도 분명한 의사 표현의 하나로 국민은 이런 자유로운 의사 표현의 권리를 누릴 자격이 있다. 선거가 어느 후보를 선택하라고 '강요'하는 것이 아니라면 '적극적 거부'의 표현은 오히려 정치인에 대한 국민의 뜻을 정확히 알려준다는 장점도 있다. 선거는 기존 정치에 대한 국민의 심판이기 때문에 '적극적 거부'야말로 가장 냉정하고 무서운 심판이 될 수 있다.

현재 우리나라의 투표율은 상당히 낮은 편이다. 사실 투표를 하지 않는 사람 중 상당수가 이런 적극적인 거부를 표현한다고 볼 수도 있다. 물론 정치 자체에 관심이 없고 투표하는 날을 그저 '노는 날'

정도로 생각하는 사람도 있다. 하지만 투표를 하지 않음으로써 정치에 대한 불신을 표현할 수도 있다. 문제는 전문가나 언론이 이런 국민의 뜻을 외면한 채 '정치적 무관심'이라는 말로 애매하게 해석해 버린다는 것이다. 이제 국민이 자신의 의사를 보다 명확히 전달할 수 있도록 투표용지에 '기권'이나 '적극적 거부'란을 신설하자. 그리고 적극적인 거부 표가 얼마나 나왔는지 발표해서 국민이 얼마나 현 정치를 불신하는지 정치인에게 알려주어야 한다.

박덕수

박준형의 FunFun Talk

암행어사를 부활시킵시다 조선시대에는 암행어사라는 제도가 있었다. 중앙 정부가 일일이 지방 관리를 관리할 수 없어 이들을 감시하고 민초들의 어려움을 최전선에서 돌봐주기 위한 제도였다. 과거에는 물론 지금도 지방 정부의 비리가 사라진 것은 아니고 또 서민의 어려움을 지방 정부가 모두 해결해 주지 못하는 것도 사실이다. 물론 요즘은 인터넷이 발달해 부당하고 억울한 사연을 각 행정기관의 홈페이지에 올릴 수 있지만 그것도 어느 정도 한계가 있고 또 그런 사실들이 진실인지 아닌지도 알기 힘들다.

그래서 예전의 암행어사 제도를 다시 부활시키는 건 어떨까 하는 생각을 해보았다. 국가정보원에 있는 사람 중 일부를 암행어사로 활동하게 해서 어렵고 힘들게 살아가는 국민의 삶을 돌봐주고 지방 행정부의 비리를 감시하는 것이다. 독거노인에게 주어야 할 돈이 제대로 지급되고 있는지, 또 어떤 공연에서 수익금의 50퍼센트를 불우 이웃을 위해 쓴다고 공언했는데 과연 제대로 집행되고 있는지 등을 감찰하는 역할을 맡기는 것이다. 물론 당연히 이들은 비밀리에 활동해야 할 것이다.

시민의 입장을 대변하는 명예직 '태평신사'

홍콩 완차이 지역 시의회 의장이면서 변호사인 여성을 만난 적이 있는데, 명함에 '태평신사太平紳士 J. P. Ada Wong(黃英琦)'이라고 적혀 있었다. 태평신사? 남자도 아닌 여자의 이름 앞에 태평신사라고 적혀 있는 걸 보고 고개를 갸우뚱했다. 홍콩에만 있는 특수한 직책이겠거니 생각했는데, 다른 사람의 명함에도 똑같은 직책이 적혀 있었다. 비로소 궁금증이 생겨 물어보았더니, 정부에서 임명하는 종신직으로 민원을 살피거나 대변하는 역할을 하는 '사회적 직책'이라고 했다. 태평신사의 영어 명칭은 'Justice Peace Officer'로, 영국 식민지 시대에는 치안 유지와 약식 재판 권한을 지닌 치안판사(Magistrate)를 의미했다고 한다. 지금은 판사의 권한은 상실했지만 그 대신 민원을 살피거나 대변하는 역할을 한다. 철저히 명예직인 이 직책은 한 달에 한 번씩 24시간 언제든지 감옥을 방문할 수 있고, 어떤 분야에서든 부당한 일이 발생하면 즉시 관청에 진정할 수 있다. 현재 홍콩에서는 700여 명의 태평신사가 시민의 권익과 약자를 대변해 활동하고 있는데, 그 역할이 많이 축소된 채 상징적인 의미로 남아 있다.

이런 제도는 우리나라에도 도입할 만하다고 생각한다. 신뢰할 만하고 명망 높은 사람에게 이런 직책을 주면 정부의 예산 지출 없이 시민의 여론을 대변하고 억울한 사건을 발굴할 수 있으니 얼마나 좋은 일인가. 또 시민은 언제 어디서든 부당함을 호소할 수 있고, 해당 기관에서는 시민의 입장을 대변하는 태평신사들의 활동에 기대 대민 행정에 좀 더 신경 쓰고 부정과 비리, 부패를 없애려고 노력할 것이다.

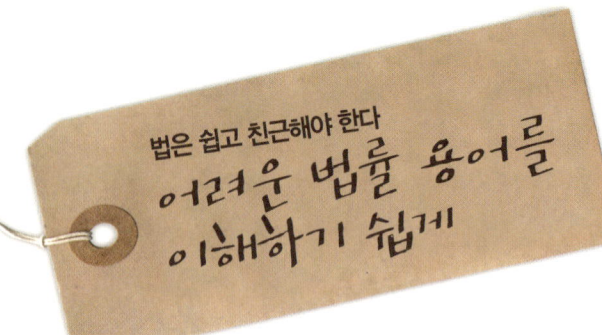

법은 쉽고 친근해야 한다
어려운 법률 용어를 이해하기 쉽게

 법은 쉽고 친근해야 한다. 그래야 법을 잘 모르는 일반인도 법의 도움을 받아 좀 더 윤택한 삶을 살 수 있기 때문이다. 하지만 우리나라는 일반인의 법 접근성이 너무 낮다. 일상생활에서는 전혀 쓰지 않는 도대체 무슨 말인지 이해할 수 없는 용어와 상대방에게 명령하는 듯한 태도는 거부감부터 자아낸다. 문장은 또 왜 그렇게 긴지 읽는 데도 숨이 찰 지경이고, 그렇게 읽다 보면 앞에 읽은 내용이 헷갈리게 마련이다. 일상생활에서는 거의 쓰지 않는 생소한 용어도 마구 튀어나온다. 나중에 자세히 알고 보면 꼭 그렇게 어렵게 써야 하는 내용도 아닌데 특권층만 그 혜택을 누리기 위함인지 쓸데없이 난해하다.
 언젠가 식품의약품안전청에서 우리나라 제약 회사에 약국에서 판매하는 의약품 제품 설명서의 어려운 의학 용어를 누구나 이해할 수 있는 쉬운 말로 바꾸도록 지시했다는 뉴스를 본 적이 있다. 어떤 약인지도 모른 채 복용해 탈이 나거나 불상사를 초래하는 경우가 있기 때문이라고 한다.

  약뿐만 아니라 법도 이처럼 누구나 쉽게 이해할 수 있어야 한다. 법은 '생활의 약'이라고 표현해도 무리가 없다. 법이라는 '약'을 통해 사회에서 당하는 부당함과 억울함을 해소할 수 있기 때문이다. 또 법률 용어가 쉬워야 비싼 변호사 수임료를 감당하기 힘든 형편이 어려운 사람들도 언제든 법의 도움을 받아 '나 홀로 소송'을 진행할 수 있다. 법이 국민을 위한 것이라면, 이제는 법이 국민의 친구로 내려와야 한다. 그래서 언제든 법과 대화하고 소통할 수 있어야 한다.

🌀 아름누리

대중을 위한 정치교육이 필요하다

가만히 생각해 보면 우리나라에는 성인이 된 후에 특별히 정치교육을 받을 수 있는 과정이 없다. 스스로 대학원에 가거나 시민단체에서 주관하는 강좌에 참여하지 않는 한 거의 정치교육을 받을 기회가 없다. 교육을 받고 싶어도 별도의 비용을 지불해야 하기 때문에 먹고살기 바쁜 사람들에게는 쉬운 일이 아니다. 그렇다 보니 각종 정치적 편견과 오해 그리고 근거 없는 주장과 빈약한 논리가 득세하고, 이는 우리나라의 정치 발전에 걸림돌이 되기도 한다.

그러나 따져보면 정치만큼 우리 삶을 풍요롭게 해줄 수 있는 것도 많지 않다. 사람과 사람이 모여 사는 국가에서 분쟁을 조정하고 불의를 억압하고 질서를 유지하는 모든 것이 바로 정치적 힘에서 생겨나기 때문이다.

독일에서는 이런 대중의 정치교육을 담당하는 기관을 어렵지 않게 만날 수 있다. 시민이 올바른 정치의식과 역사의식을 기를 수 있도록 다양한 정치교육 교재나 자료를 아주 싸게 팔고 있다. 나치의 참화를 겪은 독일이기에 어쩌면 이렇게 정치교육에 신경을 쓰는지도 모른다. 좌파든 우파든 과격한 이데올로기를 배격하는 온건한 시민이 다수를 점해야 그 사회는 안정된다. 독일 정부의 시민의식 고취와 정치교육을 위한 노력과 투자는 곧 이런 사회 안정과 민주주의 발전으로 이어졌다.

우리나라도 정치적·사회적으로 숱한 격동의 시간을 거쳐왔고, 어떻게 보면 지금도 그런 시간이 계속 이어지고 있다. 교육을 통해서 많은 문제점을 바로잡을 수 있음에도 왜 정치교육에는 이렇게 신경을 쓰지 않는지 모르겠다. 아직도 많은 사람의 뇌리에 정치라는 것이 대단한 인맥이나 배경, 그리고 돈이 있어야 가능하다는 생각이 남아 있는 탓일까? 정치도 교육을 통해 좀 더 발전할 수 있음을 다시 한번 환기했으면 한다.

Next

행복한 미래를 꿈꾸는 아이들을 위한
현명한 선택

미래 꿈나무에게 아침식사는 필수•방학에 더 힘든 결식아동을 잊지 말자•아이들에게 새로운 꿈과 희망을 전하다•행복한 가정에서 자란 아이는 다르다•부모와 자녀의 새로운 커뮤니케이션•새로운 재미를 제공하는 곳•차곡차곡 쌓여가는 흐뭇함•떠들면서 신나게 즐기는 기차 여행•학생들의 토론 능력을 쑥쑥 키워주는 곳•신나고 재미있는 시청·군청 만들기•아기를 낳는 것도 국가 경쟁력 강화•영·유아와 부모를 위한 작은 배려•장볼 때면 눈앞이 캄캄해지는 주부를 위해!•마음을 실어서 책을 보내요•어린 아이와 부모는 문화생활을 포기?•우리 곁에 있는 진짜 영웅을 위해!

미래 꿈나무에게 아침식사는 필수
중·고등학교 아침 급식 실행

한번은 아침에 길을 가다가 중고생들이 편의점에서 아침밥 대신 빵과 우유를 먹는 모습을 보았다. 어떤 학생은 아침부터 라면을 먹고 있었다. 한창 클 나이에 제대로 된 아침밥을 먹지 못하는 아이들을 보며 마음이 무척 아팠다. 이렇게 부실한 아침식사를 한 아이들은 점심이 되면 학교에서 급식을 먹고 저녁에는 학원으로 몰려가면서 또다시 분식으로 배를 채운다. 적은 돈으로 끼니를 해결할 수 있기 때문에 그렇기도 하겠지만 직장인만큼이나 바쁜 아이들의 생활이 안쓰러웠다. 더불어 그 학생들의 부모도 공부보다는 건강이 더 소중하다는 것을 알 텐데, 아침밥과 저녁밥도 제대로 챙길 수 없는 형편이니 오죽 답답할까 하는 생각도 들었다.

아이들의 건강 문제는 단지 아이들만의 문제는 아니다. 커서 이 나라를 이끌어갈 아이들의 건강 문제는 국가는 물론이고 학교에서도 어느 정도 책임을 져야 한다.

우리나라를 이끌어갈 미래의 꿈나무를 위해 아침 급식을 시행하면 어떨까? 뉴욕 시에서는 아침에도 학생들에게 급식을 한다. 이를 통해 뉴욕 시 학생들은 공부에 전념할 수 있게 되어 학습 효과도 그만큼 높아졌다고 한다. 전혀 현실성이 없는 얘기는 아니라고 생각한다. 간단하게나마 떡과 쌀 음료, 죽이나 콩 음료 등을 제공하면 아이들의 건강에도 도움이 되고 바쁘게 살아가는 부모들도 아이의 건강에 대한 부담을 덜 수 있다. 물론 이렇게 하려면 비용이 들겠지만 학교에서 대량으로 급식을 하면 학생들이 분식을 사 먹는 정도의 비용으로도 가능하지 않을까?

호종훈

방학에 더 힘든 결식아동을 잊지 말자
학교 도서관과 급식 시설 연계 운영

결식아동은 늘 우리 가슴을 아프게 한다. 그나마 학기 중에는 학교에서 급식을 먹을 수 있지만 방학이 되면 아무 대책도 없는 상황이 더욱 안쓰럽다. 집에 따뜻한 밥을 해줄 부모가 없거나 설사 있다 해도 제대로 된 밥을 먹을 수 없기 때문이다. 경제적인 능력이 없는 부모는 그렇다 치더라도 아무 죄 없는 아이들이 배고파 힘겹고 쓸쓸한 생활을 한다면, 이는 우리 사회 전체의 잘못이 아닐 수 없다.

방학 중에도 학교 도서관과 급식 시설을 연계 운영해서 결식아동이 이용할 수 있도록 해야 한다. 이를테면 각 지역의 초·중·고교 중에 식당과 도서관이 있는 학교를 개방해서 그 지역 결식아동과 주민이 이용할 수 있게 하는 것이다. 그러면 지역 주민은 가까운 도서관을 이용할 수 있고 결식아동은 학교 도서관에서 공부하고 학교 식당에서 밥도 먹을 수 있으니 방학 중 학습 문제와 끼니 문제를 동시에 해결할 수 있을 것이다. 더불어 직영이든 위탁이든 학교 식당 입장에서는 학생과 주민이 방학 중에 식당을 이용하니 수익이 창출될 것이다.

  가정 형편이 괜찮은 아이들은 어차피 집에서 부모가 공부며 영양 상태를 관리하겠지만 결식아동은 그럴 만한 부모가 없기 때문에 이중의 어려움에 처하게 된다. 공부도 제대로 하지 못하고 잘 먹지도 못하는 것이다. 가난의 대물림은 이제 사라져야 한다. 최소한 우리 사회가 민주사회, 복지사회를 지향한다면 말이다.

갱양

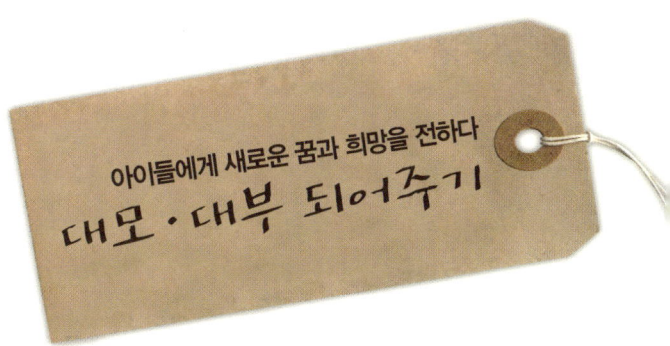

대모·대부 되어주기
아이들에게 새로운 꿈과 희망을 전하다

대가족 문화에서는 굳이 부모가 아니어도 할아버지, 할머니 또는 삼촌과 고모 등 아이들이 삶의 모델로 삼을 만한 사람이 많았다. 하지만 도시화된 핵가족 사회에서는 다양한 어른의 모습을 보는 것이 쉽지 않다. 고작해야 학교에서 보는 선생님 아니면 TV 속 연예인이나 게임 속 주인공이 아이들에게 삶의 모델로 다가갈 뿐이다. 하지만 선생님을 삶의 모델로 삼기에는 대화 시간이 부족하고 함께 있을 수 있는 기회도 많지 않다. 연예인은 더더욱 먼 존재인데다 진지한 삶의 모습을 보여주는 역할 모델보다는 오히려 허황된 꿈을 좇게 할 우려가 있다.

　어려서부터 그런 획일화된 어른의 모습만 접한 아이들이 원대한 꿈과 희망을 품기란 결코 쉽지 않다. 시대를 움직인 성인聖人들 곁에는 예외 없이 그들이 존경하고 본받을 만한 인물이 있었다.

　그래서 생각해 본 건데, 휴일을 이용해 가까운 친구나 이웃 자녀의 대모代母나 대부代父가 되어주는 것은 어떨까? 이른바 후견인 역할을 해주는 '또 하나의 엄마나 아빠'가 되자는 이야기다.

 아이들은 같은 말이라도 엄마나 아빠가 하면 듣기 싫어하지만 다른 어른이 말하면 귀담아듣는 경향이 있다. 엄마, 아빠에게 털어놓기 힘든 가슴속 말을 할 수도 있다. 대화의 물꼬를 트기 위해 함께 영화를 보거나, 미술관에 가거나, 등산을 하거나, 보드 게임을 해보는 것도 좋다. 어른은 물론이고 아이들도 새로운 관계에서 신선한 자극을 받을 수 있지 않을까? 더불어 어른들에게도 아이와 함께하면서 순수했던 어린 시절을 돌아보고 지금의 자신을 반성하고 추스르는 계기가 될 수 있을 것이다.

이진아

 돈 뺏기고 왕따 당하는 아이를 위한 '꼰지르는 맨' 학교 폭력, 왕따 문제가 끊임없이 사회 문제로 부각되고 있다. 요즘은 '제일 무서운 사람은 중학생'이라는 우스갯소리가 있을 정도다. 뿐만 아니라 이제는 남학생과 여학생을 가리지 않는다. 여학생이 더 잔인하게 친구를 왕따시키고 상상하기 힘든 폭력을 휘두르는 경우도 있다. 학교에서는 신고하라는 등 저마다 대책을 내세우지만 별다른 실효성은 없는 것 같다. 가장 큰 문제는, 신고했다가는 자칫 보복 폭행을 당할 수 있다는 것이다. 아이들 용어로 '꼰지른다'고 하는데, 이게 또 아이들 세계에서는 상당히 비겁한 짓으로 인식되기 때문에 더 큰 폭행을 부를 수 있다.

그렇게 겁이 나 신고하지 못하는 아이들을 위해 '꼰지르는 맨'을 두면 어떨까? 꼰지르는 맨은 불쌍한 아이들의 사연을 선생님에게 대신 꼰질러주는 역할을 맡은 아이다. 물론 이 아이는 학교 선도부라든지 의협심이 강하고 체력도 좋아서 함부로 아이들이 건드리지 못하는 학생으로 선정해야 할 것이다.

이렇게 하면 친구를 때리거나 돈을 뺏은 아이들은 누가 어떻게 꼰질렀는지 알 수 없지만 학교 선생님은 그 폭력 학생을 정확히 알고 누구에게 어떤 피해를 입혔는지도 파악하게 된다.

폭력 학생은 누가 자기를 꼰질렀는지 모르기 때문에 보복 폭행을 하고 싶어도 쉽지 않을 것이다. 모든 꼰지름은 비로 꼰지르는 맨이 하기 때문이다. 개그콘서트의 캐릭터로 활용해도 좋겠다.

이런 꼰지르는 맨이 각 학교에 있어서 학교 폭력과 왕따를 스스로 정화할 수 있으면 좋으련만. 물론 꼰지르는 맨이 왕따를 당할 수도 있다. 하지만 걱정할 필요 없다. 꼰지르는 맨은 무엇이든 꼰지를 수 있기 때문에 쉽게 왕따를 당하지도 않을 테니까.

행복한 가정에서 자란 아이는 다르다
행복을 위한 과목 신설

초등학교에 입학해서 중고등학교 혹은 대학교를 졸업할 때까지 학창 시절에는 많은 과목을 공부한다. 하지만 그 대부분이 입시를 위한 교육이고 대학에서 배우는 학문도 거의 직장 생활을 하는 데 필요한 내용이다. 물론 그 교육을 바탕으로 직장이나 사회에서 능력을 발휘해 존경받는 이들도 적지 않다.

하지만 정작 우리에게 정말 소중한 보금자리인 가정에서 필요한 교육을 받은 기억은 거의 없다. 그저 먹고사는 문제를 해결하느라 바쁘고 피곤한 부모님을 보면서 느끼고 배워 몸에 익힌 것이 전부다.

아이들에게는 무엇보다 가정교육이 중요하다고 강조하지만 실제로 가정교육에 대한 사회적 배려는 없는 실정이다. 그렇다 보니 어른이 되어 가정을 꾸리고 이끌어가는 데 부족한 점이 많다.

건전한 사회가 되려면 먼저 서로 아끼고 사랑하는 부부를 중심으로 행복한 가정을 이루어야 한다. 그런 의미에서 학교 교과에 행복한 가정을 위한 과목을 신설하면 어떨까 생각해 봤다. 예를 들면 동성과 이성의 관점 차이 극복, 칭찬, 격려, 유머, 상대방의 이야기 들어주기, 이해하기, 배려하기, 갈등 해소, 나아가 협상, 타협 등등이다.

사실 이런 내용은 어른이 되어서 스스로 자기 계발 서적을 통해 배우는 경우가 대부분이다. 그러나 세 살 버릇 여든까지 간다고, 20년 넘게 몸에 밴 습관을 한순간에 바꾸기는 쉽지 않다. 어릴 때부터 학교에서 이런 내용을 배울 수 있다면 좀 더 인간미 넘치고 서로의 입장을 배려하는 사회로 성장해 갈 것이다.

🐾 토째비

부모와 자녀의 새로운 커뮤니케이션
아이와 함께 명함 만들기

삶을 살아가려면 다양한 사람과, 조직과 어떤 식으로든 소통을 하지 않으면 안 된다. 하지만 살면서 무엇보다 중요한 소통은 바로 가족과의 소통이 아닐까?

자녀가 다양한 교육의 혜택을 누릴 수 있도록 기회를 제공하고 좋은 학교에 갈 수 있도록 경제적으로 뒷받침해 주는 것도 부모로서 무척 중요한 역할이다. 그러나 부모와 자녀 간의 소통 경로가 차단된 상태에서는 이런 역할도 결국 빛을 발하지 못한다. 어쩌면 세대 간 소통의 단절이 우리 사회를 더욱 거칠고 팍팍하게 만드는지도 모른다.

가족 간의 원활한 소통을 위해 '명함'을 만들어보는 건 어떨까? 아이들이 아빠에 대한 마음을 담아 자발적으로 명함을 만들게 하는 것이다. 학교에 가면 선생님이 아이들에게 '참 잘했어요', '더 열심히 하세요' 등의 도장을 찍어주듯 아이들이 아빠에게 그런 표식을 해주는 것이다.

"아빠, 오늘은 일찍 들어오셔서 너무 좋아요."

"주말에 엄마랑 같이 여행 가서 좋았어요. 앞으로도 아빠의 사랑을 받을 수 있는 아들이 될게요."

비록 유치할지는 몰라도, 아이들만이 지닌 '유치한 진정성'이라는 것이 있다. 소통의 시작은 표현이다. 원활한 소통을 위해서는 무엇보다 표현이 중요하다.

😊 이윤호

박원순의 아이디어 스크랩

훈데르트 바서 학교, 자연에 직선은 없다

마르틴 루터의 종교 개혁안 99개 조항을 게시한 것으로 유명한 비텐베르크를 방문했다가 우연히 한 카페에 들른 적이 있다. 처음에는 그저 흔한 카페인 줄 알았는데 내부의 여러 유인물을 본 후 그곳이 보통 카페는 아니라는 사실을 알았다. 결국 종업원에게 물어 그 카페는 마을에 있는 '훈데르트 바서'라는 학교의 대외 모금 창구라는 이야기를 들었다. 다음 날 비텐베르크 시내에서 걸어서 10분 정도 거리에 있는 훈데르트 바서 학교를 찾았다.

이곳은 외형부터 남달랐다. 마치 바르셀로나에 있는 가우디의 건축물 같은 범상치 않은 외형이 시선을 끌었다. 이런 느낌을 받은 데는 나름대로 이유가 있다. 훈데르트 바서 학교를 세우는 데 도움을 준 훈데르트 바서가 바로 빈에서 활약하는 유명한 건축가이자 화가였기 때문이다. 이 학교는 그의

82

철학을 바탕으로 건축했는데, '자연에 직선은 없다'와 '창은 마음의 표현이다'가 그것이다. 결국 곡선의 중요성, 그리고 다양성을 중요한 가치로 생각한 것이다.

원래 이 학교는 동독 정부가 몇 가지 건축 모델을 제시해서 지으려 했다고 한다. 하지만 교사와 학생들이 훈데르트 바서에게 조언을 구했고, 그는 애초의 설계가 '마치 교도소 같다'고 평한 후 기꺼이 지도와 조언을 해주었다. 그 후 몇 년간 새롭게 설계하고 돈을 모으면서 하나나 건물을 완성해 나갔다. 훈데르트 바서는 건강 문제로 결국 이곳에 와보지 못했지만 이 학교가 완공되는 데 결정적인 도움을 준 정신적인 지주였다고 할 수 있다.

이 학교는 유명한 관광지이기도 하다. 매일 관광객을 위한 투어 프로그램을 운영하며 일정한 요금도 받는다. 일요일임에도 이 학교의 두 여학생이 안내를 맡아 관광객을 인솔하고 있었다. 안내 사무실에는 기기묘묘한 디자

인의 의자와 이 학교를 상징화한 찻잔들도 있다.

훈데르트 바서 학교는 복도 역시 남다르다. 한눈에 알아챌 수 있겠지만 복도에 그린 선 가운데 쭉 뻗은 직선은 하나도 없다. 훈데르트 바서의 철학을 엿볼 수 있는 대목이다. 또 복도 곳곳에 그림을 걸어놓았는데, 기성 화가들의 그림과 학생들의 그림이 뒤섞여 있다. 가만히 구경하다 보면 갤러리에 온 듯한 느낌을 받을 수 있다. 마치 갤러리와 같은 모습의 학교. 정말이지 창의적인 발상이다. 때로는 기괴하다고 느낄 법한 그림도 아무런 거리낌 없이 곳곳을 장식하고 있다.

더 재미있는 것은 교실 내부의 모습이다. 교실 안으로 들어가니 뒤쪽에 아이들이 그린 그림이 눈길을 끈다. 눈이 세 개인 사람은 선생을 묘사한 것이라고 한다. 교실 한편에서는 모자이크 타일이 훌륭한 인테리어 역할을 한다. 이렇게 이 학교는 곳곳에서 번뜩이는 창의성이 묻어난다. 복도 한쪽에는 아름다운 사연을 줄에 꿰어 매어두었고 다른 한쪽에는 이 학교를 세우는데 도움을 준 화가이자 건축가인 훈데르트 바서의 조각상이 놓여 있다.

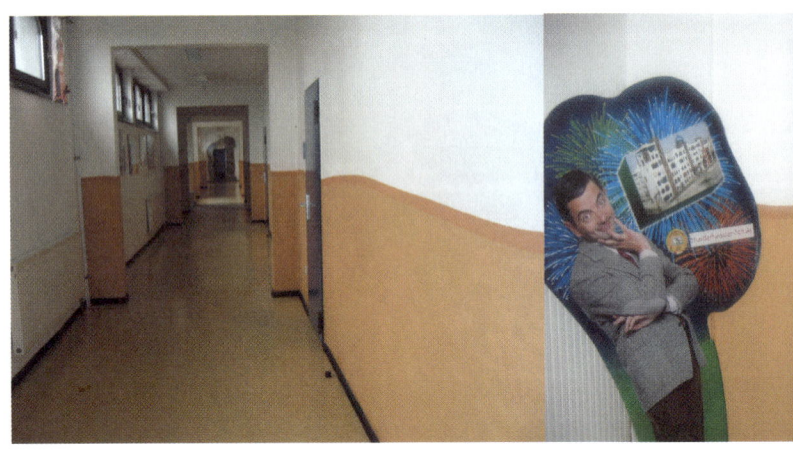

이 학교의 강당 역시 여느 학교와는 다르다. 강당 하면 아무것도 없는 휑한 공간을 상상하기 쉽지만 다양한 기둥과 대형 천 조각으로 장식해 아이들에게 색다른 즐거움을 전한다. 곳곳에 있는 길에서도 '직선'은 찾아볼 수 없다.

훈데르트 바서의 철학, 그리고 자연을 닮으려는 시도가 곳곳에 배어 있다. 이미 우리나라에서도 다양한 대안학교가 기존 교육의 틀을 깨고 새로운 시도를 하고 있다. 그 결과 또한 꽤 성공적이어서 이제 우리나라도 교육 분야에서 점차 다양성을 확보해 가고 있다. 아이들의 미래를 위해서는 분명 '청신호'가 아닐 수 없다. 하지만 지금보다 더 창의성이 발현된 학교를 만들어주었으면 하는 바람이다. 건물의 외형이나 내부 구조가 뭐 그리 중요하

냐고 반문할지도 모르지만 아이들 입장에서는 사물 하나하나가 주는 영향을 무시할 수 없다. 보는 것만으로도 가슴이 답답한 건물에서 공부하는 학생들과 나무와 태양, 새소리와 더불어 공부하는 학생들의 정서 발달에 차이가 나는 것은 당연한 일이다. 그런 점을 감안해 앞으로 우리 학교들이 일제 강점기의 잔재를 벗고 창의적으로 새롭게 태어났으면 한다.

이 학교는 화장실 표시조차 특별하다.

옥상도 특이하다. 나무와 풀로 뒤덮여 있고 바로 밑 발코니에서는 인근 전경이 한눈에 보인다.

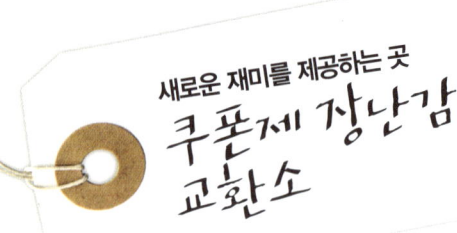

새로운 재미를 제공하는 곳
쿠폰제 장난감 교환소

아무래도 아이가 어릴 때는 장난감을 많이 사주게 된다. 문제는 하나의 장난감을 가지고 노는 시간이 점점 짧아지고 나중에는 장난감이 쌓여서 처치 곤란한 상황에 이르게 된다는 점이다. 또 싫증을 잘 내는 아이라면 미처 하루도 가지고 놀지 않고 방 한구석에 처박아두는 경우도 허다하다. 그렇다 보니 언젠가 집 안은 '장난감 보관소'가 되어버린다. 중고로 내다팔려 해도 가격이 너무 소소하고, 또 부피가 큰 건 같은 지역이 아니면 택배비도 만만치 않다.

이런 불편을 해소하기 위해 '쿠폰제 장난감 교환소'를 운영하면 어떨까? 장난감을 기증할 때는 장난감의 질과 성능을 감안해 그 장난감의 가치에 맞게 쿠폰을 주고 그 쿠폰으로 다른 장난감을 구입할 수 있게 하는 것이다. 예를 들면 고가의 장난감 집은 쿠폰 열 장, 소리 나는 자동차나 기타 단순한 장난감은 쿠폰 두 장 등으로 가치를 매길 수 있을 것이다. 혹 구입한 장난감이 싫증 나면 다시 교환소에서 쿠폰으로 바꿀 수 있다.

장난감을 기증하지 않은 사람은 아예 교환소에 있는 장난감을 살 수 없으니 진정한 의미의 상부상조를 구현할 수 있을 것이다. 혹시 장난감을 거칠게 다루다가 망가졌다면 그냥 공짜로 기부하고, 교환소에서 이를 고쳐 재활용하거나 장난감을 구하기 힘든 오지의 아이들에게 무료로 보내주어도 좋겠다.

이런 장난감 교환소를 장난감 회사에서 고객 서비스 차원에서 운영하면 어떨까? 물론 새로운 장난감을 파는 데 지장이 있을지도 모르지만 새로 나온 장난감을 홍보하는 계기도 될 수 있고 대고객 이미지도 향상될 것이다.

레지나

박준형의
FunFun Talk

어린이날 놀이공원에서 줄 안 서고 즐겁게 노는 방법 해마다 5월 5일 어린이날만 되면 놀이공원은 한마디로 북새통이다. 그날만큼은 부모로서 책임과 의무(?)를 다해야 한다는 생각에 너도 나도 놀이공원으로 몰려가는 것이다. 그렇다 보니 놀이기구 앞에는 줄이 끊임없이 이어진다. 놀이기구를 타는 시간보다 놀이기구 앞에 줄 서는 시간이 더 길다. 30분 기다렸다가 겨우 5분 타고 또 30분 기다렸다가 5분 즐기는 식이다. 어차피 휴일이니 특별히 바쁠 건 없다지만 기다리는 사람은 늘 조급하고 짜증나게 마련이다. 이런 일이 잦아지면 부모의 역할은 더 처량해진다. 자녀를 위해 하루 종일 줄만 서다 볼일 다 볼 수도 있다. 줄을 서 있다가 마침내 차례가 되면 아이와 자리를 바꾸고 다른 곳에 가서 또 줄을 서야 한다.

"영희야, 이거 타고 저쪽으로 와. 엄마는 거기서 미리 줄 서 있을게."

어떤 엄마는 "도대체 이게 부모가 할 짓이냐"며 하소연을 하기도 한다. 꼭 5월 5일이 아니더라도 날씨가 좋은 주말이나 휴일에는 어김없이 이런 '못할 짓'을 하는 부모가 눈에 띈다.

미국이나 일본의 사례가 우리에게 도움이 될 수 있을 듯하다. 미국의 유니버설 스튜디오에 가면 한쪽에는 길게 줄을 서 있지만 다른 한쪽에는 줄을 서지 않고 곧바로 통과하는 'A 게이트'라는 것이 있다. 이 A 게이트를 그대로 통과하는 사람들은 어떤 사람일까? 바로 자본주의가 발달한 미국답게 비싼 입장권을 산 사람이다. 우리나라에서 국제선 비행기를 탈 때 비즈니스 좌석은 줄을 서지 않고 곧바로 탑승하는 것과 같은 이치이다. 일본의 경우는 돈으로 해결하지 않고 세심하게 배려하는 방법을 쓴다. 미리 해당 놀이기구에 가서 표를 넣으면 탈 수 있는 시간이 찍히는 것이다.

'3시 20분에 오시면 됩니다.'

이렇게 미리 시간을 약속해 놓으면 다른 곳에서 신나게 놀다가 시간에 맞춰 가면 되므로 지루하게 줄을 서서 기다리지 않아도 된다. 시간을 아끼는 아주 합리적인 방법이다. 우리나라는 어떤 방법을 쓰면 좋을까? 이 두 가지를 혼합해도 좋다. 돈이 많은 사람은 더 내고 시간을 아끼고, 그렇지 않은 경우라면 시간을 효율적으로 활용할 수 있는 시스템을 마련하면 된다.

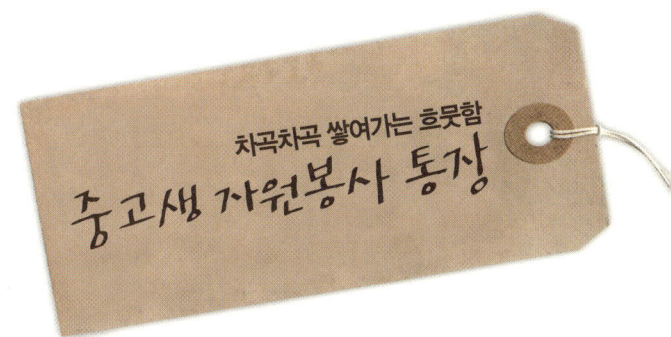
차곡차곡 쌓여가는 흐뭇함
중고생 자원봉사 통장

중고생의 자원봉사 활동이 원래 취지에서 벗어나 학업 평가나 대학 입시용 시간 때우기로 전락하고 있다. 하지만 이렇게 된 데에는 학생들보다 어른들의 잘못이 크다. 어떤 일이든 결과에만 집착하는 어른들의 생각이 아이들의 순수한 봉사 활동마저 '점수'로 환원해 버렸기 때문이다. 그 결과 아이들 역시 '봉사'의 진정한 의미를 가슴 깊이 새기지 못하는 경우가 많다.

이미 낯낯 난체에서 시행 중인 '사원봉사 통상'을 중고생의 사원봉사 활동에 적용한다면 지금보다 훨씬 체계적인 관리가 가능하지 않을까? 물론 '통장'이라고는 해도 여기에 돈이 입금되는 것은 아니고 그 학생의 봉사 활동 내역이 기재된다. 이를 활용하면 전학을 가거나 담임선생이 바뀌어도 이 통장 내역을 보고 수월하게 학생을 지도할 수 있을 것이다.

학생 입장에서도 차곡차곡 쌓여가는 자신의 봉사 활동 내역을 보면서 흐뭇함을 느낄 수 있다. 요즘 아이들은 할인 카드를 사용하거나 물건을 산 뒤 포인트가 적립되는 카드에 매우 익숙하다. 가지고 있는 적립 카드도 한두 개가 아닐 것이다. 이런 아이들에게 '자원봉사 통장'은 기존의 적립 카드와 비슷한 의미로 작용해 '쌓아가는 재미'를 줄 수 있다.

　이 자원봉사 통장 자체에 특별한 의미를 부여하는 방법도 생각해 볼 수 있다. 봉사 활동을 위한 특별 교육을 이수한 사람에게만 통장을 발부한다면 남다른 자부심을 느낄 수 있고, 다양한 행사나 이벤트를 통해 봉사에 대한 인식을 더욱 향상시킬 수도 있다. 통장 겉면에 '지영이의 사랑 통장', '진수의 희망 통장' 등 각자 자신의 이름을 붙이게 하면 아이들이 더욱 애착을 가질 수 있을 것이다.

호종훈

떠들면서 신나게 즐기는 기차 여행
어린이 전용 차량

기차 여행을 하다 보면 안내 방송 중에 이런 멘트가 나올 때가 있다. 아이들이 떠들면 주변 손님에게 방해가 되니 떠들지 않도록 주의해 달라는. 이해가 안 가는 것은 아니지만, 사실 아이들은 늘 그렇게 시끄럽게 떠들고 때로는 싸우고 다치면서 큰다는 점에서 볼 때 아이들을 지나치게 억압하는 것은 아닌가 하는 생각이 들었다. 실제로 아이에게 두세 시간 동안 얌전히 앉아 있으라고 하는 것은 거의 고문이나 다름없다. 아이에게 얌전히 있으라고 상압하며 목소리를 높이는 부모, 때로는 그 목소리가 오히려 더 시끄러워 신경에 거슬린다. 잠시 눈을 붙이거나 독서를 하려는 주변 사람에게 방해가 되는 것은 물론이다.

 아예 객차의 일부를 '어린이 전용 차량'으로 지정해 아이와 동행한 부모들이 보다 편안한 마음으로 여행을 즐길 수 있게 하면 어떨까? 아이들도 친구들과 떠들며 신나게 놀 수 있을 것이다. 여행 자체는 늘 즐거운 것인데, 그 과정이 지루해서야 되겠는가. 아이들의 미래는 곧 우리 사회의 미래이며, 우리 아이들이 편안하고 즐겁게 자라야 우리 사회도 편안하고 즐거운 세상이 된다.

 철도공사에서 이런 어린이 전용 차량을 탄력적으로 운영할 수 있지 않을까? 아이들이 많거나 단체 예약이 있으면 그만큼 더 자리를 할애하고 그렇지 않은 경우에는 좌석을 줄이면서 말이다.

 이렇게 하면 새로운 수요를 창출할 수도 있을 것이다. 아이와 함께 기차 여행을 하려는 부모가 적지 않을 것이기 때문이다. 특히 주말이나 공휴일에는 아예 지자체와 연계해 어린이를 위한 교육적인 상품을 만들 수도 있을 것이다.

권영태

박준형의 FunFun Talk

💡 **어려운 역사를 개그처럼 신나는 동영상으로 익히자** 역사는 정말 너무 어렵다. 복잡한 연대는 말할 것도 없고 사람 이름 외우는 것도 쉬운 일이 아니다. 힘들게 사람 이름을 외우면 그 사람이 쓴 책이 생각나지 않고 무슨 사건이 일어났다는 건 알겠는데 왜 일어났는지 도통 떠오르지 않는다. 『자산어보』를 정약용 선생이 썼는지, 정약전 선생이 썼는지도 헷갈린다.

학생마다 외우는 방법이 다르듯 선생님마다 가르치는 방법도 다르겠지만 그래도 '드라마' 보다 강력한 매체는 흔치 않다. 웃음과 해학을 가미한 재미있는 동영상이라면 그 내용이 머리에 쏙쏙 들어오지 않을까?

거기다 예스러운 말투로 성우가 익살스러운 해설을 덧붙인다면 한층 보는 맛이 살아난다. 예를 들면 이런 것이다.

#1. 바다를 바라보고 있는 한 선비

선비 : 오늘은 심심한데 물고기나 한번 관찰해 볼까?

(물고기를 세심하게 관찰하며 책을 쓰고 있는 선비.)

성우 멘트 : 실로 그러했다. 유배를 간 정약전은 물고기를 관찰하면서 최고의 어류 연구서 『자산어보』를 만들었던 것이다.

선비 : 아, 이제 관찰을 끝냈으니 물고기로 생선전이나 부쳐 먹을까?

성우 멘트 : 물고기로 전을 부쳐 먹는 정약전. 그의 작품은 불후의 명작이 되어…….

행주산성 이야기가 나오면 등장인물들이 갑자기 행주를 나르는 등 역사적 상황에 기억하기 쉽게 개그적 구성을 더하면 교육적이면서 학습 효과가 뛰어난 동영상이 완성될 것이다.

물론 시나리오 구성이나 배우 섭외에 돈이 들어가겠지만 일단 만들어놓으면 30~40년은 충분히 써먹을 수 있는 학습 도구다. 어른도 한번 보면 예전에 공부한 내용이 되살아나는 전 국민을 위한 역사 동영상. 투자할 만한 가치가 있지 않을까?

학생들의 토론 능력을 쑥쑥 키워주는 곳
학교의 자율 공간

한번은 학생들에게 사형제 폐지에 관해 토론해 보라고 시킨 적이 있다. 잠시 아이들의 대화를 엿들어보자.

학생 A : 저는 사형제를 폐지해야 한다고 생각합니다.

학생 B : 왜 그렇게 생각합니까?

학생 A : …….

학생 B : 사형제 폐지를 주장한다면 그 이유가 있을 것 아닙니까?

학생 A : 야, 너는 누가 너 죽인다고 하면 좋겠냐? 그리고 지난번에 빌려간 볼펜 왜 아직 안 주냐!

한 편의 개그를 봤다고 생각할 일이 아니다. 안타깝게도 이것이 바로 오늘날 우리 논술과 토론 교육의 현실이기 때문이다. 선생들도 논술 교육을 하나의 '과목'으로 접근하는 경우가 많다. 하지만 논술은 '시험을 치기 위한 과목'이 아니라 올바른 생각과 사고를 위한 훈련이다. 우리 학생들은 그런 훈련에 익숙지 않다. 토론을 어떻게 해나가야 하는지, 어떤 방식으로 사고해야 하는지 잘 모른다.

그래서 학교에 '자율 공간'을 만들 것을 제안하고 싶다. 교실을 벗어나 야외에 만들면 더 좋다. 정원이 있고 아름다운 꽃과 나무가 있다면 더욱 자유로운 분위기를 만들 수 있다. 이곳에서는 아이들이 어떤 문제든 토론할 수 있다. 딱딱한 책걸상에 앉아서 이야기하게 해서는 안 된다. 저마다 앉고 싶은 자세로 앉으면 된다. 때로는 누울 수도 있고 삐딱하게 서 있을 수도 있다. 이런 자유로운 분위기에서 아이들에게 토론 주제를 던져주고 어떤 한계도 없이 토론하게 하면 학생들의 사고 능력은 한층 발달할 것이다. 자기 생각을 기획하고 조직하는 습관, 어릴 때부터 길러주어야 커서도 참다운 삶을 스스로 개척할 수 있지 않을까?

이윤호

신나고 재미있는 시청·군청 만들기
교육적 놀이 공간

시청과 군청은 참으로 재미없는 공간이다. 물론 행정기관에 '재미'라는 개념을 적용하는 것이 오히려 이상한 일일지도 모른다. 그저 필요한 업무를 처리하기 위해 들르는 곳이고 또 공무원은 주어진 일만 하면 그만이니 이곳에서 '재미'를 찾는 것은 쉽지 않다.

그러나 조금만 생각을 달리하면 이런 행정기관도 좀 더 친근하게 시민들에게 다가갈 수 있다. 특히 아이들은 이런 행정기관과는 너무 동떨어져 있다. 만약 딱딱하고 재미없는 시청이나 군청 한 귀퉁이에 아이들이 들끓고 "너무 신나요!"라는 소리가 들린다면 어떨까? 학교에서 아이들에게 휴일에 가장 가고 싶은 곳을 물었을 때 시청이나 군청이 최고라고 소리친다면? 도대체 그런 일이 가능하긴 하냐고 반문할지도 모르지만 조금만 신경 쓰면 전혀 불가능한 일도 아니다. 교육적인 측면에서도 얼마든지 접근할 수 있는 부분이다.

시청이나 군청에 게임기를 설치하거나 홈페이지를 열어서 아이들이 좋아하는 짝 짓기 게임이나 빙고 게임을 하게 할 수도 있다. 집

근처에 있는 문화시설의 역사를 쉽고 재미있게 설명하고 친구와 둘이서 그곳을 향해 오토바이 경주를 하거나 멋진 무사가 되어 칼싸움을 하게 하는 게임을 홈페이지에 첨부할 수도 있다. 이런 놀이를 통해 아이들은 자신이 사는 곳의 가치와 중요성을 알게 될 것이다.

  아이들을 위해 전국의 시청과 군청, 관공서 내부나 홈페이지에 즐겁고 흥겨우면서 교육적인 놀이 공간을 마련하면 어떨까? 이렇게 하면 부모는 아이들을 데리고 행정기관에 가기가 좀 더 수월할 것이고, 아이들이 즐겁게 노는 동안 편안하게 필요한 업무를 처리할 수 있을 것이다.

😊 새봄

공무원으로 조직한 '영화 상영 특공대'

박준형의 FunFun Talk

한국 영화가 엄청나게 발전했고 이제 할리우드 영화와 경쟁해도 손색없다는 점은 말 그대로 격세지감을 느끼게 한다. 내 학창 시절을 돌아보면 이 정도 한국 영화는 상상도 할 수 없었기 때문이다. 그저 '방화'라는 이름으로 외국 영화에 비해 한 차원 뒤떨어진 영화로 대접받던 것에 비하면 그 수준이 엄청나게 발전했다. 관객 수도 늘고 영화를 즐기는 사람도 급격히 많아져 이제 200만~300만은 큰 숫자로도 느껴지지 않을 뿐더러 이미 1,000만 관객을 넘긴 영화도 한두 편이 아니다.

그런데 가만히 생각해 보면, 이렇게 많은 사람이 영화를 본다고 해도 아직 수많은 사람이 이런 문화적 혜택을 전혀 누리지 못하고 있다. 영화 한 편 보려면 몇 시간씩 차를 타고 읍내로 나가야 한다든가, 먹고사는 문제 때문에 그렇게 시간 들여 영화를 보러 가는 것 자체를 엄두조차 내지 못하는 산간 오지에 사는 사람도 있다. 문화적 혜택을 누리지 못하니 소외감은 깊어지고 젊은이들은 기를 쓰고 터전을 벗어나 도시로 몰려든다.

이런 사람들을 위해 '영화 상영 특공대'를 만들어 정부에서 지원하면 어떨까? 그러니까 이 특공대는 영사기와 하얀 천, 그리고 영화 필름을 들고 전국을 누비는 것이다. '우리 동네로 와주세요. 우리는 1년에 한 편도 영화를 볼 수 없답니다' 같은 사연을 인터넷을 통해 접수할 수도 있다. 영화를 상영할 수 있는 공간은 많다. 면사무소, 동네 마을회관에서도 충분히 가능하다. 한국인의 문화 지수를 높이고 산간벽지에 사는 사람들도 '문화 복지 혜택'을 누릴 수 있도록 하는 영화 상영 특공대. 20여 명의 공무원으로 조직하면 얼마든지 가능한 일이라고 본다.

박원순의 아이디어 스크랩

상상력과 창의성을 키워주는 놀이터

아이들에게는 세상의 모든 것이 다 교육이라고 할 수 있다. 그 흔한 장난감부터 복잡한 기계까지 아이들의 호기심은 끝이 없고, 이런 호기심을 바탕으로 창의적인 생각을 이끌어내는 것이 바로 어른들의 의무다. 그런 점에서 아이들의 놀이터는 아주 훌륭한 교육의 장이 될 수 있다. 그저 엄마가 바쁠 때 아이들이 시간을 보내는 곳 정도로 생각하지 말자. 세계의 놀이터를 본다면 그런 생각도 달라질 테니 말이다.

동독 지역의 켐니츠(아래 사진)와 브레멘 시내 상가(다음 페이지 사진)에 있는 어린이 놀이터는 일단 보는 것만으로도 우리나라의 그것과는 상당히 다르다는 것을 알 수 있을 것이다.

 우리나라 놀이터에는 흔하지 않은 다양한 모양의 놀이기구와 주변 환경은 물론 조형적으로도 잘 어우러져 있는 모습이 도시의 무슨 조형물처럼 보이기도 한다. 어른들은 앉아서 쉬고 한쪽에서는 아이들이 흥겹게 놀고 있는 모습이 이채롭다. 특히 도시의 고층 건물 바로 앞에 이런 놀이터가 있다는 점에서 아이들을 위한 세심한 배려가 느껴진다.

 여러 놀이터 중에서도 특히 눈에 띄는 곳은 독일 브레멘 인근에 있는 예술인 마을 봅스베데(다음 페이지 사진)의 한 어린이 놀이터다. 문화 예술 학교 근처에 조성한 이곳에는 나무뿌리가 하늘을 향하고 있고 2층 구조물도 비뚤비뚤 자유자재로 만들어놓았다. 돌과 통나무 조각들도 어지럽게 모래밭에 흩어져 있다. 대부분 나무와 돌 등 친환경 소재를 사용해 자연의 거친 느낌이 그대로 배어난다. 보통 부모라면 이런 놀이터는 위험하다며 아이를 보

내지 않을지도 모르겠다. 하지만 독일의 부모들은 이런 놀이터에서 아이들의 상상력과 도전 정신을 키워준다.

이에 반해 우리나라 놀이터는 어떤가. 아래 사진은 잠원동 아파트 단지 내에 있는 한 어린이 놀이터이다. 우리나라 어린이 놀이터에는 어디든 어김없이 있는 시소, 그네, 미끄럼틀 등이 특별한 교육적인 계산 없이 그저 적당히 배치되어 있을 뿐이다.

다른 무엇보다도 우리 아이들을 창의적으로 키우기 위한 노력은 당장 시작해야 하고 더불어 그에 대한 투자도 이루어져야 한다. 어린이가 나라의 보배라고 한다면, 그 보배를 위해 투자하는 건 너무나 당연한 일이 아닌가.

아기를 낳는 것도 국가 경쟁력 강화
출산 가산점 제도

직장에 다니는 여성은 출산을 앞두고 걱정이 많아진다. 과연 해고당하지 않고 출산휴가, 육아휴직을 쓸 수 있을까? 쓸 수 있다고 해도 그 일로 승진에서 밀리지는 않을까? 휴가 기간이 끝나 업무에 복귀할 때 부서 배치에서 불이익을 당하지는 않을까? 직장 여성이라면 아기를 아직 낳지 않았다 해도 누구나 한번쯤 해볼 만한 고민이다. 남성은 군대를 제대한 경우 입사할 때 군 경력을 인정해 호봉을 더 높게 책정해 준다. 청춘의 한때를 국가에 바친 대가일 것이다. 하지만 인구를 국가의 경쟁력으로 보는 요즘, 여성이 아이를 낳는 것도 국가에 공헌하는 일이라고 할 수 있다. 그런데 '국가 경쟁력을 키워 주는 임산부'에게는 왜 이렇게 사회적 제재가 많은 걸까? 왜 여자는 아이를 낳는 일로, 그리고 그 아이를 기르는 문제로 불편을 감수하고 승진에서 밀려야 하는 걸까? 우리나라는 출산 장려 정책을 무수히 쏟아내면서도 근본적인 해결책은 제시하지 못하고 있다. 일하는 여성이 출산을 꺼리는 것은 자신의 커리어와 직결되기 때문이다.

모선영

영·유아와 부모를 위한 작은 배려

지하철 내 영·유아 공간 마련

   지하철 내부 시설이 많이 개선된 것은 사실이지만 그래도 영·유아를 둔 엄마들에게는 불편한 점이 한두 가지가 아니다. 지하철을 이용해 쇼핑하러 갔을 때는 특히 그렇다. 유아용 필수품이 들어 있는 가방도 무거운데 쇼핑백 몇 개까지, 어깨와 허리가 무너질 듯 아프다.

  더구나 아기가 눈치 없이 지하철 안에서 응가라도 하면 엄마는 난감함에 한숨이 나오게 마련이다. 최악의 상황에는 아기를 안고 지하철에서 내려 뒤처리를 한 후 다시 지하철을 타야 한다. 그 무거운 짐을 들고서 말이다.

  이런 상황을 고려해 볼 때 지하철 내에 영·유아와 부모를 위한 공간이 절실히 필요하다고 생각한다. 짐을 내려 놓을 접이식 선반을 만들거나, 아니면 예쁜 걸이가 있어 가방을 걸어둘 수 있으면 좋겠다. 선반이 있으면 아기의 우유도 쉽게 탈 수 있다. 엄마들은 대부분 급하게 우유를 탈 수 있는 간단한 이유기기를 가지고 다니기 때문에 선반 정도로도 충분할 것이다. 모유 수유를 할 수 있도록 와이어 커

틈을 만들어놓으면 더욱 편리하지 않을까? 아기의 기저귀를 갈 수 있는 기구도 함께 벽면에 붙여놓는다면 금상첨화일 테고. 물론 당연히 모든 지하철 차량에 이런 시설을 갖추기는 힘들 것이고, 전체 열량 가운데 하나 정도만 해도 충분하지 않을까 싶다.

  예전에 지하철에 여성 전용 차량을 만들었다가 지금은 흐지부지 사라진 것으로 알고 있다. 하지만 영·유아 차량은 그럴 가능성이 적다. 출퇴근 시간에 영·유아를 데리고 지하철을 타는 엄마는 많지 않기 때문이다. 그 시간에 엄마들은 대부분 집에 있을 테니까.

새봄

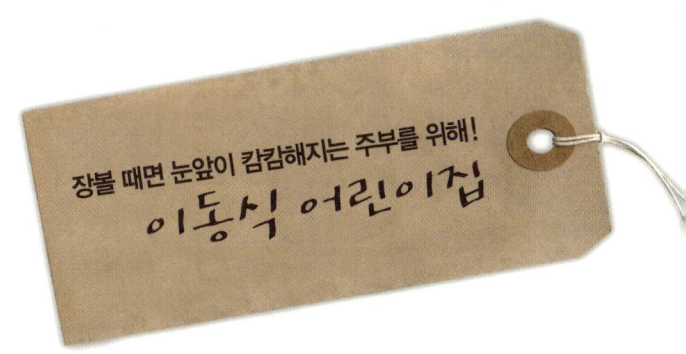

장볼 때면 눈앞이 캄캄해지는 주부를 위해!
이동식 어린이집

출산율이 자꾸만 낮아진다고 한다. 여러 가지 이유가 있겠지만 아이를 편하게 키울 수 있는 사회 환경이 제대로 갖추어지지 않은 것도 한몫할 것이다. 아이 키우기가 '전쟁'인 상황에서 대책도 없이 출산 장려 정책을 홍보한다고 해결될 일은 아니다. 또 이는 모든 책임을 부모에게 돌리겠다는 이야기나 마찬가지다. 양육 문제를 어떻게든 해결할 수 없는 사람에게는 아이가 '짐'이 될 수밖에 없는 상황을 이해해야 한다.

예를 들어 시장에 가는 경우만 봐도 그렇다. 이것저것 사야 할 물건은 많은데 아이를 등에 업은 채 무거운 짐을 들고 또 한 손으로 잡은 말썽꾸러기 아이에게 잔소리를 해야 하는 괴로운 시간. 정말이지 때로는 눈앞이 캄캄해진다.

그러다 문득 특정 시간 혹은 특정 기간에 아이를 돌봐주는 '이동식 어린이집'이라는 게 있었으면 좋겠다는 생각이 들었다. 공신력 있는 기관이나 단체에서 전문 영·유아 교사를 배치하고, 이동식 차

량을 편리하게 개조해 미리 예약한 뒤 필요한 시간에 아이를 맡길 수 있게 하면 지금보다 한결 아이 키우기가 수월해질 것이다. 물론 상당수 부모가 아이를 어린이집에 보내고 있지만 형편이 되지 않아 그곳조차 이용할 수 없는 가정, 그리고 아이를 봐주던 시어머니나 친정어머니에게 무슨 일이 생겨 그동안 아이 맡길 곳을 찾는 부모도 있을 것이다.

 힘든 주부들의 구슬땀을 닦아줄 수 있는 이동식 어린이집 운영을 제안한다. 서울 전역을 돌아다닐 수는 없을 테니 마포구나 영등포구 등 특정 지역으로 한정하면 이동 시간도 줄일 수 있고, 자주 이용하는 아이들의 특성도 알게 되어 한결 편리하게 운영할 수 있을 것이다. 하루 전에 인터넷을 통해 신청하게 하면 갑자기 급한 볼일이 생겨도 여유 있게 대처할 수 있지 않을까?

 새봄

💡 **퀵서비스 기사 등에 미아 찾기 광고를** 미아가 끊임없이 발생하고 있다. 자식을 잃은 부모의 애타는 심정은 어떤 말로도 표현할 수 없으리라. 가끔씩 자식을 잃어버린 부모의 인터뷰를 TV에서 볼 때가 있는데, 정말이지 하늘이 무너지고 땅이 갈라지는 듯한 슬픔을 느낄 것이다. 그 심정은 경험해 보지 않은 사람은 가히 상상하기도 힘들다.

주변에서 미아를 찾는 광고를 어렵지 않게 볼 수 있다. 지로 용지 뒷면이나 공연 티켓 뒤, 우유곽 등 생각보다 많은 곳에 미아 찾기 광고가 실려 있다. 모두들 자식을 잃어버린 부모나 홀로 헤매고 있을 아이의 처지를 안타깝게 여기기에 그런 배려를 아끼지 않는다. 그런데 아쉽게도 그런 곳에 실린 아이의 사진은 너무 작아 얼굴을 알아보기가 쉽지 않다. 그렇다 보니 대부분 실질적인 도움은 되지 못한다. 특히 나이가 많은 나 같은 사람은 미아의 얼굴이 거의 보이지 않는데, 그렇다고 굳이 안경을 찾아서 보는 것도 번거로운 일이고 얼굴을 기억하기도 쉽지 않다.

그래서 미아 찾기 광고를 퀵서비스업에 종사하는 분들의 조끼 등판에 큼직하게 싣는 것은 어떨까 생각해 봤다. 오토바이를 타고 골목골목 누비는 퀵서비스 기사의 등에 큼직하게 미아 찾기 광고를 싣는다면 눈에도 잘 띄고 홍보 효과도 그만큼 크지 않을까? 어떤 퀵서비스 회사가 먼저 이 서비스를 시작할까? 퀵서비스 회사니까 시작도 빠르지 않을까?

전유성의 別別想像

마음을 실어서 책을 보내요
걸어 다니는 책

사람도 여행을 하면서 많은 것을 느끼고 배우지만 사람 대신 책이 여행하면서 사람들에게 감동과 교훈, 그리고 삶의 메시지를 줄 수도 있다. 이른바 '걸어 다니는 책'이라는 프로젝트다. 내가 읽은 책이나 헌책방에서 산 책의 맨 뒷장 혹은 앞장의 빈 공간에 느낀 점이나 메시지를 써서 다른 사람에게 주고, 그 책을 읽은 사람이 다시 감상이나 메시지를 적어서 또 다른 사람에게 보내주는 것이다.

책에 여행의 주제를 잡아주는 것도 좋다. '아름다운 손', '풍경과 상처' 등의 주제를 잡은 다음 그와 관련해 다른 사람과 공유하고픈 생각이나 말을 써넣는 것이다. 이로써 지식과 정보의 보고인 책은 더 이상 소유의 개념이 아니라 공유와 나눔의 의미로 거듭나게 된다.

'여행하는 책'은 단순히 그 책을 읽은 사람에게 감동을 주는 데 그치지 않는다. 타인에게 힘과 용기를 줄 수 있는 메시지를 생각하다 보면 오히려 자신의 삶이 더욱 풍요로워지는 것을 느끼게 될 것이다. 여행하는 책을 위한 공간을 꼭 오프라인으로 한정할 필요는 없

다. 온라인으로 확장할 수도 있다. 책은 책대로 아름다운 여정을 뜻 깊은 메시지와 함께할 수 있으니 행복할 테고, 이 여행을 통해 사람과 사람 간 소통의 문이 열릴 것이다. 특히 학생들은 또래의 아이들과 진지한 생각을 나눌 수 있으니 여러모로 도움이 될 것이다.

이윤호

서점에 방석을 놓자 사실 서점에서는 웬만하면 의자를 설치하려 하지 않는다. 책을 사기보다는 현장(?)에서 모두 읽고 가는 경우가 생길 수 있기 때문이다. 물론 판매 차원에서 보면 당연히 의자가 없는 편이 좋을 것이다. 하지만 실제로 의자가 없다고 사람들이 서점에서 책을 읽지 않느냐 하면 그렇지도 않다. 특히 아이들은 그냥 땅바닥에 앉아서 책을 읽는 경우가 많다. 가끔씩 책장 사이사이에 간이 의자를 준비해 놓은 서점도 있지만 극히 일부분에 불과하다.

이런 아이들을 위해 서점에 작은 방석을 비치해 두면 어떨까? 자라나는 아이들이 돈이 없어 서점 바닥에 앉아서라도 책을 읽겠다는데 그걸 못하게 방해하는 건 너무 매정하다. 방석에 아동 도서 광고를 넣으면 서점 입장에서도 수익이 생길 것이다. 미래의 고객인 아이들을 위해 그 정도 고객 서비스는 어려운 일도 아닐 것이다. 그중에 한 아이가 훌륭한 작가가 되어 어느 날 방송 인터뷰에서 "○○서점에서 깔아준 방석이 제 인생에 큰 도움이 됐어요"라고 말할지도 모르는 일 아닌가. 또 그렇게 어려서부터 책을 접한 아이들은 커서도 분명히 많은 책을 사고 읽으며 훌륭한 교양인으로 커갈 것이고 또 자기 자녀에게도 많은 책을 사줄 것이다. 당장의 수익보다는 먼 미래를 내다보는 고객 서비스를 했으면 좋겠다.

전유성의 別別想像

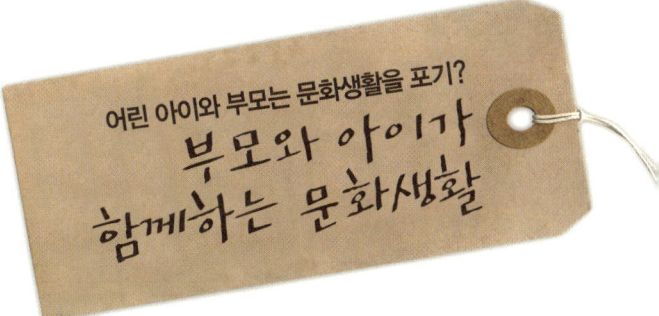

어린 아이와 부모는 문화생활을 포기?
부모와 아이가 함께하는 문화생활

아기가 있는 부모가 영화나 공연을 보려 하면 난처한 상황에 맞닥뜨리게 된다. 그나마 영화관에는 민폐를 무릅쓰고 아기를 데리고 들어갈 수 있지만 혹시라도 아기가 울까 봐 전전긍긍하면서 영화를 감상해야 한다. 공연장의 경우는 아예 8세 미만 아이의 출입을 금지하는 곳이 허다하다. 결국 아기나 어린 아이를 둔 부모가 문화생활을 즐기려면 자녀를 다른 사람에게 맡기거나 그도 여의치 않으면 아예 문화생활을 포기하고 살아야 한다. 게다가 부모 입장에서는 아이가 어릴 때부터 자연스럽게 공연을 관람하는 습관을 들였으면 하는 욕심이 있는데 그게 불가능하니 참 부당하다는 생각도 들었다. 일부 교회에서는 예배실 한편에 유리방을 설치해서 엄마가 아이를 돌보며 예배를 볼 수 있도록 배려한다. 스피커를 별도로 설치해 놓아 목사의 설교를 듣는 데도 무리가 없다. 공연장에서도 이런 시스템을 활용하면 어떨까?

공익광고에서는 아이를 많이 낳아서 어릴 때부터 자연스럽게 공연을 접하게 하라고 하지만, 실제 환경이 그렇지 않은 상황에서는 뜬구름 잡는 이야기일 뿐이다. 한 TV 광고에 현재 문화기획자로 유명한 사람이 출연한 적이 있다. 그는 어릴 때 본 공연 한 편이 지금의 자신을 꿈꾸게 했다고 말했다. 그가 어릴 때는 지금처럼 아이들의 공연장 출입을 막지 않았다. 말로만 '문화 강국'을 떠들 것이 아니라 실질적으로 아이들이 보다 다양한 문화를 체험할 수 있고, 그런 체험을 통해 부모와 교감할 수 있는 문화적 인프라를 하루빨리 구축했으면 좋겠다.

김현정

우리 곁에 있는 진짜 영웅을 위해!
시민 명예의 전당

아름다운 시민사회로 발전하려면 그 사회 구성원의 마음과 자세의 변화가 선행되어야 한다. 선진사회가 후진사회와 차별화되는 가장 큰 요소는 시민의 성숙도라고 할 수 있다. 무엇이 시민의 성숙도를 가늠하는지 그 기준에 대해서는 다양한 논의가 필요하겠지만, 시민 명예의 전당 제도를 도입해 훌륭한 시민을 배출하고 그들의 자세를 배우게 하는 것은 어떨까 싶다.

 시민 명예의 전당에 헌정할 대상자의 기준을 논의하고 존경할 만한 사람을 선출한다면 다른 사람들의 역할 모델이 되는 것은 물론 아이들의 교육에도 많은 도움이 될 것이다. 학교에서도 훌륭한 인물에 대해 배우지만 평범한 시민 중에서 훌륭한 일을 실천한 사람을 선정한다면 보다 마음에 와 닿지 않을까? 이와 유사한 아이디어를 가진 사람의 머리를 빌려 구체적인 방법을 모색한다면 이 시민 명예의 전당 제도는 대한민국을 아름답고 성숙한 선진 시민사회로 거듭나게 해줄 것이다.

태정

Money

서로가 즐거워지는
상상 초월 돈벌이를 찾아서

혼자 밥해 먹기 힘들어요·요리로 함께 나누는 기쁨·맞벌이 부부와 그 아이들을 위한 식탁·환경을 보호하는 생활 테크놀로지·더위도 날리고 모기도 날리고·작은 것이 아름답다·충동구매를 줄일 수 있는 방법·작은 에너지를 모아보아요·쓰지 않는 가전제품의 플러그를 뽑자·자동차 연료 혼유 사고를 방지하자·휴대폰 벨소리, 또 깜빡!

혼자 밥해 먹기 힘들어요

싱글들을 위한 반찬 축제

싱글들이 점차 많아지고 있다. 이른바 '돌싱'이라고 해서 결혼했다가 아이가 없는 상태에서 다시 싱글이 된 '돌아온 싱글'이라는 부류도 많다. 가전제품 회사에서 이런 싱글을 위한 전용 제품까지 만든다고 하니 얼마나 싱글이 많은지 가히 짐작하고도 남을 것이다.

하지만 싱글로 혼자 살아가기는 쉽지 않다. 무엇보다 식생활을 해결하는 것이 어렵다. 혼자 반찬을 만들어 먹으려면 시간도 많이 들고 재료비도 만만치 않다. 그렇다고 매번 밖에서 음식을 사 먹을 수도 없는 노릇이다. 게다가 사 먹는 음식은 조미료도 많이 들어가고 자주 사 먹다 보면 어느덧 집에서 해 먹는 밥이 그리워지게 마련이다. 특히 남자들은 음식 솜씨가 좋지 않으니 더욱 난감할 것이다.

최근 한 기업에서 지역사회와 더불어 김장 축제를 하는 걸 본 적이 있다. 이와 연계해, 혹은 조금 더 발전시켜서 싱글들을 위한 반찬 축제를 열면 어떨까? 재료는 농가와 직거래해서 저렴하게 구입하고, 싱글들이 많이 거주하는 대학가와 연계해 축제 같은 것을 할 수도 있을 것이다. 마른 반찬처럼 한번 만들어서 오래 먹을 수 있는 반찬은 판매도 하고, 요리 경연 대회도 하면서 우리 생활에 실질적으로 도움이 되는 재미있는 행사를 만들 수 있을 것이다.

 더불어 싱글끼리 서로 애환이나 고충을 나누고 생활의 노하우도 공유한다면 훌륭한 지역 축제로 자리 잡을 수 있지 않을까? 또 '싱글 탈출'을 위한 다양한 이벤트를 함께 한다면 참여율도 훨씬 높아질 것이다. 이 행사가 활성화되면 명실 공히 '싱글들을 위한 대축제'로 발전할 수 있지 않을까?

jiva

외로운 사람과 어린이를 위한 극장 '우리는 무적의 솔로 부대'라는 말이 인터넷에서 한창 유행하던 때가 있다. 닭살스러운 커플들을 보며 느끼는 절망감을 나름대로 승화시킨 것으로 솔로로서 자긍심과 자랑스러움을 한껏 느껴보자는 의도였다. 솔로로서 느낄 수 있는 서글픔에 굴하지 않겠다는 의지를 엿볼 수 있는 대목이다.

박준형의
FunFun Talk

솔로들이 제일 싫어하는 공간을 꼽으라면 단연 영화관이다. 서로서로 팔짱을 끼고 팝콘에 오징어, 콜라를 먹으며 상영관으로 들어서는 커플들을 보고 있노라면 자괴감에 한이 서릴 지경이다. 간혹 혼자 영화관 가는 걸 좋아하는 사람도 있지만 그래도 함께 가서 재잘재잘 사랑을 나누며 보는 영화가 훨씬 재미있지 않을까? 최근에는 솔로를 넘어서 아예 대부분의 생활을 혼자 하는 '나홀로족'도 늘어나고 있다고 한다.

이런 솔로와 나홀로족을 위한 '외로운 사람들이 가는 영화관'을 만들면 어떨까? '외롭다'는 표현이 좀 그러면 '솔로 영화관'이라고 해도 상관없다. 하지만 이 영화관의 원래 목적은 바로 새로운 커플 탄생을 위한 것이다. 옆에 누가 앉을지 기대하게 되고, 혹 옆에 앉은 사람이 마음에 들면 수줍은 미소를 나눌 수도 있을 것이다. 어차피 이 영화관에 오는 사람은 모두 싱글이고, 따라서 애인도 없다는 이야기이니 선남선녀끼리 한번쯤 웃으며 바라보는 것도 좋지 않을까? 혹시라도 이야기가 잘 통하면 영화 보는 그 시간을 첫 데이트로 삼아도 무방하고 말이다.

이걸 발전시키면 어린이를 위한 영화관도 만들 수 있다. 전유성 선생님께서 '이이들과 함께 보는 클래식 공연'이라는 걸 기획하셨는데, 영화관에도 이런 발상을 도입하자는 것이다. 어린이 전용 영화관은 의자도 좀 높고 조명도 지금보다는 약간 밝아야 할 것이다. 아이들의 안전을 위한 도우미도 있고 말이다.

요리로 함께 나누는 기쁨
나눔 부엌

 '나눔 부엌'이라는 새로운 형태의 생활 커뮤니티 공간을 만들었으면 한다. 예전에 한 신문 기사에서 봤는데, 외국에서는 퇴근 시간에 잠깐 들러 요리해서 집으로 가져갈 수 있는 소규모 업체가 인기를 끌고 있다고 한다. '한 부모 가정'이나 싱글족이 점차 많아지고 있는 우리나라에서도 이런 나눔 부엌은 그 필요성을 더해 가고 있다.

 사실 요리를 하려면 상당히 많은 양념과 재료, 그리고 기구가 필요하다. 물론 이 모든 것을 다 갖춰놓고 집에서 풍족하게 요리해 먹는 사람도 있겠지만 바쁜 생활에 쫓기다 보면 어떤 재료가 떨어지고 얼마나 남았는지 체크하는 것도 쉬운 일이 아니다.

 하지만 나눔 부엌에서는 각종 양념과 재료가 절대 떨어질 일이 없으니 뭘 해 먹을지 생각만 하면 어렵지 않게 바로 요리할 수 있다. 더불어 이곳에서는 되도록 친환경 식재료 사용을 권장하고, 자신이 먹을 만큼만 요리한 후 남은 재료는 푸드뱅크나 기타 방법을 통해 기부할 수도 있다. 이렇게 하면 음식물 쓰레기도 줄고 나눔의 기쁨도 느낄 수 있을 것이다. 또 가끔씩 친환경 요리 강좌를 열거나 자신만의 요리 노하우를 나눌 수도 있다. 한편에 '요리 노하우 게시판'을 만들어두고 각자 자신만이 알고 있는 '일급 요리 비법'을 메모하게 하는 것이다. '콩나물국 최고로 맛있게 끓이는 법', '동태찌개 끓일 때 비린내 안 나게 하는 법' 등 요리 비법은 무궁무진하다.

한마디로 요리를 통해 지역 주민이 하나 되고 서로를 알아가게 하는 것이다. 나눔 부엌은 여러모로 많은 이들에게 도움을 준다. 친환경 우리 농산물을 사용하니 농촌의 매출 증대에도 도움이 되고, 자신과 가족은 몸에 좋은 음식을 먹는 한편 환경까지 살릴 수 있기 때문이다.

갱양

> 📍 **포장마차를 새로운 공간으로** 늦은 밤 배가 출출하거나 술자리가 아쉬워서 한잔 더 하고 싶을 때, 포장마차는 어느 곳보다 안성맞춤인 공간이다. 쌀쌀한 날 포장마차의 포장을 젖히고 들어가 "국수 한 그릇 말아주세요" 하면 기분까지 푸근해진다.
>
> 이렇듯 누구나 쉽게 찾는 포장마차에 광고를 달아보는 건 어떨까? 포장마차 기둥이나 메뉴판, 그릇 등에 '집에 갈 때 빈손으로 가시게요? 아이차 아이스크림, 아이들이 좋아하는 귀갓길 선물입니다'라든지 '숙취를 확 풀어드립니다, 시원해 해장국' 이라든지 '아내의 잔소리를 해결해 드립니다, 고운걸 스카프' 등을 광고한다면 효과가 있지 않을까? 포장마차 주인은 아이차 아이스크림이나 고운걸 스카프에서 얼마라도 광고비를 받을 수 있고, 광고주는 적은 광고비로 효과적인 광고를 할 수 있을 테니 말이다.

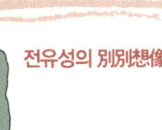

전유성의 別別想像

박준형의 FunFun Talk

🔑 **풍년데이, 농산물 가격 폭락만큼은 막자** 한미 FTA 체결로 국내 농가의 생계가 더 어려워졌다는 이야기도 있고, 또 한편에서는 '새로운 기회가 오고 있다'는 말도 들린다. 그 실질적인 내용이야 어떻든 간에 현재 우리 농촌이 어려움에 직면한 것만큼은 사실인 듯하다.

외적인 환경도 우리 농부들을 힘들게 하지만 때로 풍년이 들면 농산물 가격이 폭락해 이중의 고통을 안겨주기도 한다. 예부터 풍년이 들면 모든 국민이 흥겨워하며 기쁨을 나눴지만 수요-공급의 법칙이 철저하게 적용되는 자본주의 시장에서는 이런 풍년마저 마냥 즐거워할 일만은 아니다.

그래서 특정 작물이 풍년이 들 것 같으면 그해를 '○○○ 풍년데이'로 지정했으면 한다. 오이가 풍년이 들 것 같으면 '오이 풍년데이', 양파가 풍년이 들 것 같으면 '양파 풍년데이'로 정하면 된다.

그런 다음 TV에서 적극적으로 해당 연도의 풍년 작물을 홍보하고 그 작물로 만들 수 있는 각종 요리법도 소개하는 것이다. 신문이나 잡지가 함께해 '범국민 홍보 프로젝트'를 가동하는 것도 좋다. 즉 공급이 늘어난 만큼 수요 역시 극대화하는 방법을 채택하자는 말이다.

바로 이런 것이 예부터 우리 농촌에 전해 내려온 품앗이의 새로운 형태이자 우리 민족의 슬기가 아닐까 싶다. 더불어 재고가 많을 때는 '오이 재고데이'를 통해 한꺼번에 물량을 풀어서 가격을 낮추면 많이 팔리지 않을까?

💡 인연의 소중함을 생각하게 하는 '만남의 광장'

박준형의 FunFun Talk

지금이야 휴대폰이 있어서 언제 어디서든 보고 싶은 사람에게 연락을 할 수 있지만 삐삐조차 없던 시절에는 집 전화, 아니면 특정 장소에서 '쪽지'를 이용할 수밖에 없었다. 그래서 찻집이나 서점 등에는 늘 친구에게 무언가 메시지를 남긴 쪽지가 있었다. 기다리다 안 와서 먼저 간다든지, 여기 와보니 너와 함께한 추억이 생각나 한 줄 적는다든지 하는 정감 어린 쪽지 말이다. 비록 읽는 사람이 그 쪽지의 주인공이 아니라고 해도 한번쯤 볼 만한 재밋거리였다.

통신 수단은 빠르게 변했지만 아직도 연락이 닿지 않아 만나지 못하는 사람이 많다. 휴대폰 번호가 바뀌었다든지 오랜 시간이 지나 만나고 싶지만 도저히 연락이 닿지 않는 사람들, 그리고 첫사랑을 찾는 사람도 있지 않을까? 이런 사람들을 위한 '만남의 광장'을 하나 만드는 건 어떨까 생각해 보았다.

시청 같은 상징적인 건물 앞에 대형 게시판을 마련하고 각자 나름의 사연을 적게 하면 오랜만에 만나 회포를 풀 수도 있고 잊어버린 과거의 추억을 되살릴 수도 있을 것이다. 포스트잇 회사에서 후원하면 기업 이미지를 향상시킬 수 있어 좋고, 또 사람들은 소중한 옛 인연을 찾을 수 있어 더할 나위 없이 즐겁지 않을까?

방송국에서 현장을 찾아 소중한 인연을 찾는 사람들을 인터뷰하고 그 사람과 얽힌 아름다운 추억을 들려준다면, 시청자에게는 인연이라는 것에 대해 다시 한번 생각해 보는 뜻 깊은 시간이 될 것이다. 여기서 한 걸음 더 나아가 옛 인연을 소중하게 추억하는 만큼, 지금의 인연을 돌아보고 더욱 상대를 아끼고 배려해야겠다고 마음먹을 수도 있을 것이다.

맞벌이 부부와 그 아이들을 위한 식탁
기적 같은 특수 밥상

아이가 어느 정도 자란 맞벌이 부부에게 가장 마음에 걸리는 것이 있다면 바로 아이의 식탁일 것이다. 부부가 모두 아침 일찍 출근하면 아이는 혼자서 찬밥에 식은 국을 먹어야 하기 때문이다. 혼자서 밥과 국을 데워 먹을 수 있는 나이라도 되면 그나마 괜찮을 텐데 아직 어린 자녀를 둔 부모의 마음은 늘 어두울 수밖에 없다. 설사 아이 스스로 음식을 데워 먹을 수 있는 나이가 됐다고 해도 귀찮아서 그냥 먹는 경우도 있을 것이다.

　이런 부부와 아이들을 위해 '특수 밥상'을 만들면 어떨까 생각해 봤다. 이 밥상은 식판 형태로 생겼으며, 밥그릇이 놓일 자리, 국그릇이 놓일 자리, 반찬 그릇이 놓일 자리가 따로 있고 각각 보온과 보냉 기능을 갖춘 것이다. 따뜻하게 먹는 음식은 따뜻하게, 차갑게 먹어야 할 음식은 차갑게 유지한다. 부모가 출근하기 전에 타이머로 시간을 맞춰놓거나, 아니면 아이들이 직접 스위치만 올리면 되니 한결 간편한 방법으로 마음까지 따뜻해지는 밥상을 받을 수 있다.

물론 찬밥을 먹는다고 해서 영양을 섭취하지 못한다거나 하는 것은 아니지만 그래도 엄마의 온정이 느껴지는 밥을 먹는 것은 차갑게 식어버린 밥을 먹는 것보다 아이들의 정서에 긍정적인 영향을 미칠 것이다. 우리나라의 밥솥 만드는 기술은 세계적인 수준이라고 한다. 그에 비하면 이 정도 기술은 별로 어려운 것도 아닐 듯싶다. 가전제품 회사들이 소비자의 소리에 좀 더 귀를 기울이고 일상의 작은 행복에 관심을 보였으면 한다.

정명희

박준형의
FunFun Talk

햄버거의 트랜스 지방, 엄마 햄버거로 해결하자 아이들이 가장 좋아하는 음식이 바로 패스트푸드이지만 비만의 주요 원인이 되기도 한다. 특히 그중에서도 햄버거는 아이들의 간식은 물론이고 때론 주식이 되기도 한다. 문제는 바로 햄버거에 포함되어 있는 트랜스 지방. 아이들은 먹고 싶은 걸 못 먹어서 불만을 토로하고 엄마들은 사주면서도 못내 찝찝한 것이 현실이다. 이런 문제를 해결하기 위해 전국의 엄마들이 머리를 맞대고 '웰빙 햄버거 만들기 대회'를 한번 해보면 어떨까? 트랜스 지방 없이 아이들의 건강에 좋은 햄버거를 만드는 것이나. 이 내회에서 우승한 음식은 기존의 패스트푸드 회사에서 라이선스를 살 수도 있고 그 방법을 응용해 실제 영업점에서 햄버거 메뉴를 개발할 수도 있지 않을까? 이렇게 탄생한 햄버거에는 그걸 개발한 엄마의 이름을 붙이는 것이다. '김영희 엄마 롯데리아 햄버거', '최지희 엄마 맥도날드 햄버거'라고 이름 붙이면 아무래도 엄마가 만든 것이니까 소비자들도 안심하고 아이에게 사 먹일 수 있고, 옛날 엄마가 만들어주던 음식을 생각하며 더 맛나게 먹을 수 있을 것이다. 행사가 끝난 뒤에는 그날 만든 햄버거를 챙겨서 끼니를 거르는 아이들에게 보내면 어떨까? 최고의 햄버거를 만들기 위해 서로 경쟁하고 그렇게 만든 햄버거를 아이들에게 나눠주고, 더불어 그 레시피를 전국에 무료로 알려주니 이보다 좋은 음식 페스티벌이 어디 있으랴.

박원순의 아이디어 스크랩

찰보리빵과 명품 곶감의 차이

이미 노인이 되어 더 이상 일자리를 구하기 어려운 사람들의 자활을 도와주는 기관이 바로 시니어클럽이다. 시니어클럽은 전국에서 노인들의 일자리 창출을 위해 분투하고 있다. 노인의 자활을 돕는 방법은 여러 가지가 있다. 해당 지자체나 중소기업과 연계해 노인들을 위한 새로운 일자리를 창출할 수 있고, 때로는 청년들이 떠난 틈새 자리를 찾아 그 대안 인력으로 활용할 수도 있다. 하지만 지역 시니어클럽이 도전할 수 있는 가장 좋은 아이템은 바로 각 지역의 특산물이나 특성을 고려한 상품을 개발하는 것이다. 물론 어떻게 좋은 품질의 상품을 만들고 효과적으로 마케팅을 할 수 있을지 그 방법을 연구하는 것도 매우 중요하다.

경주 시니어클럽은 경주의 특산물인 찰보리빵을 만들어 파는 가게를 운영하고 있다. '서라벌 찰보리빵' 이라는 상호로 이미 널리 알려져 있다. 현재 이곳에서 만드는 찰보리빵은 전국으로 팔려나가고 있으며 지역 노인들에게 새로운 삶의 활력을 찾아주는 보금자리로서 그 역할을 톡톡히 하고 있다. 여러 시니어클럽의 활동 중에서도 꽤 성공적이라고 평가할 수 있다. 특히 찰보리빵이 성공할 수 있었던 요인 중 하나로 마케팅에 꽤 많은 공을 들

인 점을 꼽을 수 있다. 일단 흔치 않은 특산품을 주요 생산 아이템으로 잡은 점도 그렇고, 여러 기관의 도움을 받아 순조롭게 마케팅을 펼칠 수 있었다.

반면 제품의 질은 좋지만 마케팅에 실패한 경우도 있다. 함양 안심리에 사는 할머니들이 동네에 작은 곶감 회사를 하나 차렸다. 이른바 '명품 곶감'이다. 말만 명품이 아니라 실제 이곳의 곶감은 명품 이상의 값을 충분히 한다. 지리산의 맑고 신선한 공기와 따가운 가을 햇볕에 말린 곶감은 자연의 생생함과 영양을 그대로 담고 있는 영양 식품이다. 그런데 아쉽게도 마케팅이 영 엉성하다. 지나가는 고객을 끌어들이기 위한 장치라는 것이 고작 엉성한 안내판과 조악한 플래카드가 전부다. 이 '명품 곶감'을 서울의 백화점에 납품하고 인터넷 쇼핑몰을 통해 팔 수 있는 방법은 없을까? 아무래도 할머니들이 운영하다 보니 잘 알지 못해 그냥 그 정도에 머무르는 것 같아 안타까웠다. 능력 있는 마케터가 '명품 곶감'을 살려냈으면 하는 바람이다.

환경을 보호하는 생활 테크놀로지
우산 탈수기

비가 오는 날이면 건물에 들어갈 때 우산에 비닐을 씌운다. 우산에서 빗물이 계속 흐르면 청소하기 힘들고 또 건물도 지저분해질 수 있기 때문이다. 간편하게 비닐을 씌우면 물이 새지 않으니 건물 곳곳이 지저분해지지 않을 것이고 걷는 사람들이 미끄러질 위험도 없어서 좋다. 더불어 건물을 청소하는 아줌마들도 훨씬 편할 것이다. 하지만 이런 이점과 달리 문제점도 있으니, 이렇게 사용하는 비닐이 지나치게 많다는 것이다. 그 많은 비닐이 사용된 후에 어떻게 버려지는지 생각해 보면 그렇게 쉽게 우산에 비닐을 씌울 일만은 아니다. 물론 그 비닐을 다른 용도로 재활용할 수도 있지만 상당수는 그저 쓰레기통으로 들어가 환경에 좋지 않은 영향을 미치는 것으로 알고 있다.

일본의 경우 일부 건물에서는 이렇게 비닐을 씌우는 대신 우산 탈수기(rain cut)를 사용한다. 2~3초 정도만 시간을 내면 빗물이 말끔히 마르기 때문에 굳이 비닐을 사용할 필요가 없다. 사실 이 방법은 사용자 입장에서도 훨씬 편리하다. 젖은 비닐 때문에 신경 쓸 일이 없어지기 때문이다.

　이 기계는 아직 우리나라에서는 개발되지 않은 것으로 알고 있는데, 도시 곳곳에 높이 솟은 빌딩들을 생각하면 충분히 경제성이 있지 않을까 싶다. 혹시 사업성이 떨어진다고 하면 환경을 살리는 제품인 만큼 국가에서 지원해 전국의 관공서에서 시범적으로 이 제품을 사용해 봐도 좋을 것이다. 우리도 비닐 대신 우산 탈수기를 사용하면 환경적인 측면이나 이용자의 편의 측면에서 모두 도움이 될 듯하다.

짱구

깜빡하는 주부를 위한 말하는 냉장고 주부들은 깜빡하는 일이 잦다. 주변에서 들어보면 심한 경우에는 휴대폰을 냉장고에 넣고 찾아 헤매는 일도 있다고 한다. 찾아 헤매다 지쳐 전화를 걸어보면 황당하게도 냉장고 안에서 휴대폰 벨이 울린다는 것이다. 일반 사람들이 보면 왜 다른 곳도 아닌 냉장고에 휴대폰을 넣었을까 의아할 수도 있다. 나도 처음에는 그랬다. 그런데 그것도 말이 되는 것이, 날마다 장을 봐 집에 돌아온 주부들이 제일 먼저 하는 일이 뭐겠는가. 식료품을 냉장고에 넣다가 자신도 모르게 손에 들고 있던 휴대폰까지 함께 넣어버리는 것이다.

이런 주부들을 위해서 냉장고에 말하는 기능을 추가하는 것도 좋을 듯하다. 휴대폰이 안으로 들어오면 냉장고가 알아서 인식해 '이상한 물건이 냉장고에 들어왔어요~', '휴대폰은 냉장고에 보관해서는 안 된답니다~' 하는 애교 섞인 멘트를 말하게 하는 것이다. 이 정도는 현재의 기술력으로도 충분히 가능하지 않을까? 휴대폰은 일단 수시로 전파를 교환하기 때문에 전파가 냉장고에 송수신되는 기미가 보이면 이런 녹음된 멘트를 말하게 하면 될 것이다.

더불어 골프 연습기에도 연습하는 사람에게 힘을 주는 멘트를 더할 수 있다. 제대로 공이 맞으면 '사장님, 나이스 샷~'이라고 할 수도 있고 연습을 너무 오래한다 싶으면 '너무 무리하시네요. 이제 좀 쉬시는 게 어떨까요?' 하며 건강을 챙겨줄 수도 있다. 마치 자동차의 내비게이션처럼 사용자와 기계가 서로 교감하며 대화하게 하는 것이다. 내비게이션의 멘트가 사용자의 집중력을 높이고 또 즐거운 운전을 가능케 한다는 점을 고려해 냉장고나 골프 연습기에도 이런 기능을 더하면 일상이 한결 상쾌해지지 않을까?

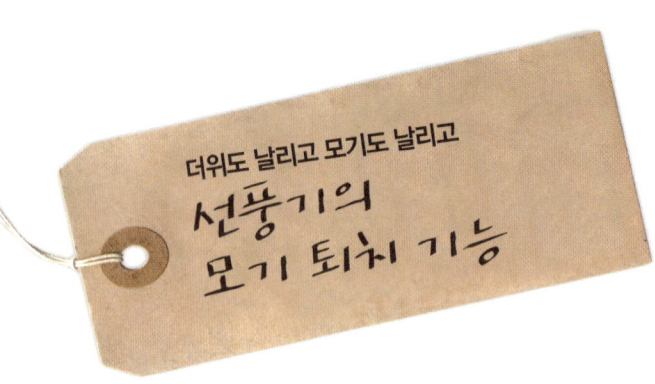

더위도 날리고 모기도 날리고
선풍기의 모기 퇴치 기능

여름마다 극성을 부리는 모기. 어른들도 짜증나는데 하물며 아이들이 있는 집은 더 신경 쓰일 수밖에 없다. 용산이나 전기제품 양판점에 가면 모기가 싫어하는 주파수의 초음파를 퍼트리는 모기 퇴치기를 따로 팔고 있다. 하지만 이 제품을 따로 팔 것이 아니라 집집마다 하나씩 있는 선풍기에 초음파 모기 퇴치 기능을 추가하면 좋지 않을까? 모기 퇴치기의 가격이 3,000~5,000원 정도인데, 선풍기를 대량 생산하는 가전제품 회사에서 선풍기에 이 기능을 추가한다면 원가 상승 부담도 그리 크지 않아 훨씬 경제적일 것이다.

베를린 천사

작은 것이 아름답다
경차 택시

우리나라 자동차는 점점 고급화·대형화해 가는 추세다. 여기에 외국 고급 승용차가 합류하면서 이런 현상은 더욱 가속화되고 있다. 한국에서 특히 비싼 외국 차들이 잘 팔린다는 보도를 보면 '꼭 저렇게까지 비싸고 고급스러운 자동차를 타야 하나' 하는 생각도 든다.

택시 역시 마찬가지다. 손님들도 더 좋은 택시를 골라 타고 싶어 하니 당연한 일일지도 모르겠다. 하지만 조금만 욕심을 줄이면 더 좋은 교통 환경을 만들 수 있다.

그런 의미에서 택시를 경차로 바꿔보면 어떨까? 물론 안전을 생각하면 대형차가 낫다고 생각할 수도 있지만 반대로 비용이나 환경적인 면을 고려한다면 경차 택시도 결코 나쁘지 않다. 택시 요금도 지금보다는 당연히 싸질 테니 주머니가 가벼운 이들이 급한 대로 이용하기에도 안성맞춤이다.

작고 귀여우면서 예쁜 외관과 친절한 기사, 뿐만 아니라 더더욱 즐거운 저렴한 택시 요금까지. 상상만 해도 즐거운 일이다. 기존 택시의 고질적 병폐인 손님 골라 태우기나 총알택시, 근거 없는 웃돈 요구 등도 견제할 수 있고, 그 결과 택시 이용객도 더욱 택시를 사랑하게 될 것이다. 특히 이 새로운 경차 택시가 손님에 대한 철저한 서비스 마인드로 무장한다면 충분히 약점을 극복하고 그만의 경쟁력을 확보할 수 있을 것이다. 아직도 우리나라를 찾는 외국인들은 거친 운전에 거부감을 표하는 것이 사실이다. 안전하고 신뢰할 수 있는 경차 택시의 새로운 서비스를 기대해 본다.

☞ 아름누리

두루마리 휴지에도 아이디어를! 화장실에서 쓰는 두루마리 휴지를 보면 그 종류가 참으로 많다. 향기 나는 것, 올록볼록한 것, 무늬가 들어간 것 등등. 이렇듯 다양한 휴지를 보면서 읽을 거리가 있는 두루마리 휴지를 만들면 어떨까 하는 생각을 해보았다. 휴지 한 칸 한 칸에 한자가 쓰여 있는 '천자문 휴지'나 '영어 회화가 쓰여 있는 휴지' 같은 걸 만들면 어떨까? 영어 회화 휴지만 해도 초급 회화 휴지, 여행에 필요한 회화 휴지, 비즈니스를 위한 회화 휴지 등 여러 종류로 만들어서 선택의 폭을 늘릴 수 있다. 또 고사성어 휴지, 명언 휴지, 유머 한마디 휴지를 만들 수도 있다. 이런 휴지가 있다면 화장실에 굳이 신문이나 책을 들고 들어갈 필요도 없지 않을까?

전유성의 別別想像

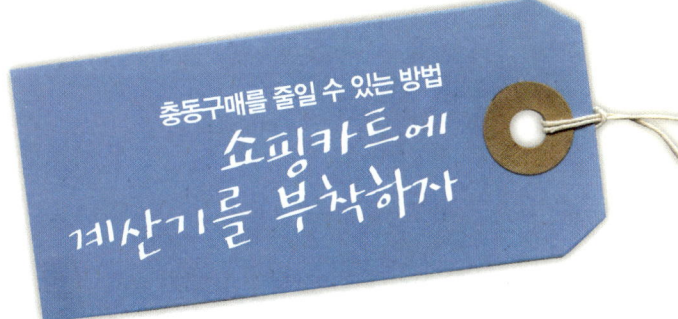

충동구매를 줄일 수 있는 방법
쇼핑카트에 계산기를 부착하자

충동구매는 알뜰한 쇼핑의 가장 큰 적이다. 그래서 많은 전문가들이 충동구매를 줄이기 위해 미리 쇼핑 리스트를 작성한 후 그에 따라 구입하라고 조언한다. 수많은 물건을 보고 흥분한 상태에서 필요 없는 물건까지 사들이니 차분한 상태에서 꼭 필요한 것만 이리저리 생각해 본 후에 구매 여부를 결정하라는 말이다. 물론 이렇게 하면 쓸데없는 물건을 구입할 일이 없어 알뜰한 쇼핑에 큰 도움이 된다.

다만 한 가지 아쉬운 점이 있다면, 필요한 물건은 제대로 구입할 수 있지만 그 비용을 정확하게 산정할 수 없다는 것이다. 같은 콩나물이라도 그 가격이 천차만별이기 때문에 '좀 더 비싸고 좋은 것'을 원하면 이 역시 또 다른 충동구매의 원인이 될 수 있다.

따라서 쇼핑할 때 내가 현재까지 얼마나 구매했는지 알 수 있게 쇼핑카트에 계산기를 부착하면 어떨까 생각해 보았다. 이렇게 하면 같은 물건이라도 그 가격을 감안해 구매할 수 있으므로 보다 알뜰한 쇼핑에 도움이 될 것이다.

그러니까 '오늘은 총 3만 원만 지출해야지'라고 미리 마음먹었다면 얼마든지 그 범위 안에서 조절이 가능하다는 말이다. 당장 눈앞의 계산기에 찍힌 지불해야 할 돈을 보면서 충동구매를 하기는 쉽지 않다.

물론 정말로 알뜰한 주부는 마트에 갈 때 계산기를 따로 챙기겠지만 한 손으로 카트를 밀고, 또 한 손으로는 물건을 들고 이리저리 살피다 보면 계산기를 들고 있을 손도 없고 어느 순간 계산하는 것 자체를 잊어버리는 경우도 있을 것이다.

희망메이커

전유성의 別別想像

💡 **휴대용 메모지가 있는 가계부** 가계부를 쓰는 것은 알뜰한 살림살이에 많은 도움이 된다. 그렇지만 매일 가계부를 쓰는 것은 생각처럼 쉬운 일이 아니다. 뿐만 아니라 저녁마다 하루의 지출을 계산하기 위해 시간을 따로 내는 것도 부담스럽다. 설사 꾸준히 가계부를 쓴다고 해도 하루에 지출한 비용을 곰곰이 다시 생각해서 완벽하게 정리하는 것 또한 쉽지 않다. 원래 성격이 꼼꼼한 사람이라면 문제없지만 그렇지 않거나 이제 막 가계부 쓰는 걸 습관화하려는 사람은 여간 귀찮은 일이 아니다.

그래서 생각해 본 건데, 가계부에 메모지를 붙여서 팔면 어떨까? 그러면 평소에는 무거운 가계부를 들고 다닐 필요 없이 간단히 메모지를 지갑에 붙여놓았다가 그때그때 기록한 후 저녁에 한꺼번에 정리하면 빼먹는 지출도 없을 것이고, 한결 편리하게 가계부를 작성할 수 있을 것이다.

여기서 중요한 점은 메모지를 지갑에 붙일 수 있어야 한다는 것이다. 어떨 때는 지갑을 들고 다니는 것도 귀찮은데, 여기에 메모지까지 가지고 다니라고 하면 누가 반기겠는가. 하지만 포스트잇처럼 붙였다 뗐다 할 수 있는 메모지라면 어렵지 않게 가지고 다닐 수 있다.

사실 가계부를 쓰면 전체적인 지출을 따져 계획적인 소비를 하게 된다는 의미도 있지만 무엇보다 돈을 아끼는 마음을 갖게 된다. 따라서 가계부를 잘 관리하는 사람들은 "가계부만 잘 적어도 돈을 아낄 수 있다"고 말하곤 한다. 그러나 역시 문제는 가계부를 쓰는 습관이다.

작은 에너지를 모아보아요
과속방지턱 발전 시설

영국의 한 회사가 쉽게 생각할 수 없는 아이디어를 현실화해 세계를 놀라게 했다. 자동차 과속방지턱을 발전 시설로 만든 것이다. 자동차가 도로에 설치한 이 발전장치 위를 지나가면 위아래로 덜컹거리는데, 이 운동에너지를 전기에너지로 변환하는 것이다. 비록 5~10킬로와트의 전기에 불과하지만 거리의 신호등이나 가로등을 밝히는 데는 충분한 양이다. 한마디로 길거리에 돌아다니는 자동차에서 공짜 전기를 얻어내는 것이다. 문제는 자동차가 이 발전장치를 지날 때는 좀 천천히 움직여야 한다는 건데, 이 정도는 연구를 통해 충분히 보완할 수 있다. 게다가 과속방지턱을 지날 때는 어떤 운전자든 조금씩 속도를 줄이기 때문에 크게 어려울 것도 없다. 또 이 발전장치는 기존의 과속방지턱보다 안전할 뿐더러 승용차가 격하게 흔들리지도 않는다고 한다.

 화석 연료가 고갈되고 지구 온난화가 가속화되고 있는 요즘 절실하게 필요한 것이 바로 대체에너지 개발이다. 특히 영국의 이 발명

품은 일상생활에서 발생하는 에너지를 전기에너지로 돌리는 시도로, 대단한 역발상이라 할 수 있다.

 우리나라도 이런 장치를 개발하면 어떨까? 전국 도로에 있는 가로등과 신호등에 들어가는 전기료만 아껴도 엄청난 세금을 줄일 수 있다. 이 장치뿐만 아니라 흔히 볼 수 있는 다양한 운동에너지를 전기에너지로 바꿀 수 있는 더 많은 기기가 발명되었으면 한다.

이진아

박준형의 FunFun Talk

책에 쿠폰을 넣자 쿠폰 문화가 상당히 널리 퍼졌음에도 책만큼은 쿠폰이라는 것이 없다. 예를 들어 피자 같은 경우는 대개 다섯 판을 사 먹으면 한 판을 공짜로 준다. 이런 식으로 책에도 쿠폰을 넣어서 같은 출판사의 책을 다섯 권, 혹은 열 권 정도 사면 한 권을 무료로 주고 독자가 예전에 구입한 책을 반납하도록 해서 책이 필요하지만 구하기 힘든 오지의 도서관이나 학교에 보내는 건 어떨까? 이렇게 하면 독자들은 자신이 좋아하는 출판사의 책을 일정 권수 이상 사려고 노력할 것이다. 출판사 측에서는 매출 향상에 도움이 되는 것은 물론이고 이를 통해 회수한 헌책으로 더 좋은 일을 할 수도 있다.

 '사람은 책을 만들고 책은 사람을 만든다'고 하지 않던가. 출판 시장이 불황이라고 하지만 아직 시도조차 해보지 않은 마케팅 방법이 많다. 이렇게 간단한 쿠폰마저도 아직 출판 시장에는 정착되지 않았으니 말이다. 출판사 관계자들이 이런 제도를 적극적으로 검토해 주었으면 한다.

쓰지 않는 가전제품의 플러그를 뽑자
이원화된 그린 배선

　우리는 사무실, 가정, 공장을 막론하고 수많은 사무기기와 전기제품을 사용한다. 한 집에서 사용하는 플러그를 세어보면 족히 스무 개는 넘을 것이다. 그리고 대부분이 거의 모든 제품의 플러그를 콘센트에 24시간 꽂아둔다. 물론 냉장고나 팩시밀리, 전화기처럼 24시간 켜두어야 하는 전자기기도 있지만 그렇지 않은 경우 플러그를 뽑아두면 절전 효과는 물론 누전 위험도 방지할 수 있다. 특히 컴퓨터는 사용하지 않을 때는 관련 기기까지 모조리 뽑아두어도 상관없다. 그러나 현실적으로 복잡하게 얽혀 있는 플러그를 외출하거나 퇴근할 때마다 일일이 뽑는 것은 쉬운 일이 아니다.

　이럴 때 사용자가 성가시지 않게 쉽게 플러그를 뽑을 수 있는 방법을 제안한다. 일단 사무실이나 주택의 전기 배선 자체를 애초에 이원화하는 것이다. 예를 들어 하나의 배선은 24시간 전기를 공급해야 하는 제품을 위한 회선이다. 그리고 다른 회선은 컴퓨터나 오디오, TV 등 사용하지 않을 때는 전기를 공급할 필요가 없는 회선이다. 쉽게 알아볼 수 있도록 이런 회선을 녹색으로 표시하고 '그린 배선'이라고 이름 붙여도 좋을 듯하다. 제일 늦게 퇴근하는 사람이 이 그린 배선의 스위치만 끄면 모든 문제를 간단히 해결할 수 있다.

🐯 호랭아빠

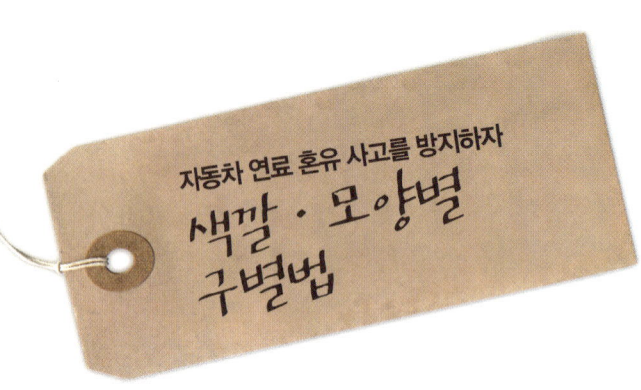

자동차 연료 혼유 사고를 방지하자
색깔·모양별 구별법

최근 들어 자동차 연료의 혼유 사고가 증가하고 있다고 한다. 예전에 비해 경유 차량이 다양해졌기 때문이다. 게다가 주유하고 나서 몇 시간 후나 며칠 후에 사고 사실을 알게 되는 경우가 많고, 주유소의 과실을 인정받지 못하는 경우도 50퍼센트가 넘는다고 한다. 따라서 혼유 사고 방지를 위한 대책을 시급히 마련해야 한다. 한 가지 쉬운 방법을 들면 경유와 휘발유 차량의 주유구 모양을 각각 다르게 하는 것이다. 예를 들어 경유는 네모, 휘발유는 동그라미로 하면 원천적으로 혼유를 막을 수 있기 때문에 사고를 효과적으로 방지할 수 있다. 또 현재 제각각인 주유기의 색상과 자동차 주유구의 색상을 통일해 혼동을 줄이는 방법도 있다. 예를 들어 휘발유 차량의 경우 주유구 색상을 파란색(경유 차는 빨간색)으로 하고, 주유기 총의 색상을 같은 색으로 통일하면 주유소 직원이나 운전자도 쉽게 확인 가능해 사고를 미연에 방지할 수 있을 것이다.

driller

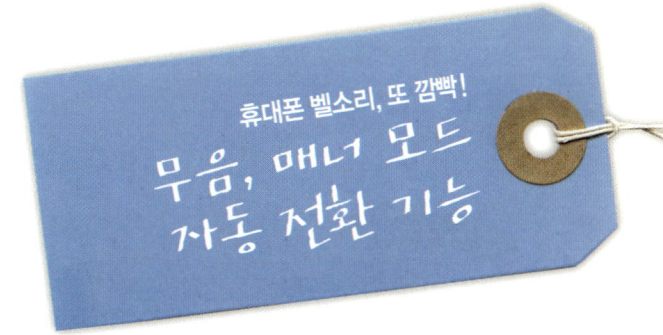

휴대폰 벨소리, 또 깜빡!
무음, 매너 모드 자동 전환 기능

종종 휴대폰 벨소리가 나서는 안 될 곳에서 소리가 날 때가 있다. 깜빡하고 매너 모드로 돌리지 않은 것이다. 물론 타인을 위한 배려는 스스로 알아서 해야 하지만 미처 생각이 미치지 못하는 경우도 있다. 그래서 자동으로 무음이나 매너 모드로 전환되는 기능을 휴대폰에 추가하면 어떨까 생각해 보았다. 예를 들어 학생들의 경우 학교 수업 시간이 오전 9시부터 3시까지라면 매일 자동으로 그 시간에는 진동이나 매너 모드로 전환되게 하는 것이다. 또 별도의 시간대를 맞춰놓으면 그 시간에 자동으로 전환되게 할 수도 있다.

🖐 희망메이커

좋은 향기로 가득한 **친환경 대안**이 **미래 경쟁력**

화려하지만 아까운 포장과 용기 · 굳이 새것만 고집할 필요가 있나? · 폐건전지의 효율적인 수거를 위해! · 이게 스티로폼이야, 플라스틱이야? · 폐현수막을 새로운 보물로 바꾸자 · 비닐봉지 사용을 줄이자 · 미래를 위한 환경 문화 프로그램 · 작은 기부가 모여 새로운 도시를 만든다

화려하지만 아까운 포장과 용기
화장품 리필

　과거에 어떤 음료수의 소비자가격이 100원이었다. 그런데 그 100원이라는 가격에서 광고비 50원, 유통마진 25원, 포장비 15원 등을 빼면 결국 소비자가 취하는 그 음료수의 순수 원가는 7원이라고 했다. 결국 소비자는 7원어치 원액을 마시기 위해 100원을 지불하는 것이다. 기업 입장에서는 상품을 판매하기 위해 들일 수밖에 없는 당연한 비용일지 모르지만 소비자 입장에서는 낭비라는 생각이 든다. 그렇다고 모든 제품을 광고와 과대 포장 없이 소비자에게 판매하라는 이야기는 아니다. 줄일 수 있는 비용이라면 줄이고, 그것이 사회적으로 의미 있는 일이라면 기업 입장에서도 충분히 고려할 만하다고 본다.

　가장 대표적인 제품이 화장품이다. 요즘 남성 화장품을 보면 스킨·로션 세트가 몇 만 원씩이나 한다. 포장을 보면 휘황찬란하기 그지없다. 번쩍이는 금박지 박스에 용기는 또 얼마나 화려한가. 안타까운 건 그걸 한번 쓰고 버려야 한다는 사실이다. 여러 제품 중에서도 특히 화장품은 얼마나 화려한가로 경쟁하는 것처럼 회사마다 포장과 용기 디자인에 열을 올리고 있다. 어쩌면 보다 화려하고 아름다운 것을 원하는 여성 소비자들의 요구를 반영한 것일 수도 있다. 하지만 이렇게 끝없이 화려한 디자인으로 경쟁하다 보면 아예 화장품 자체보다 포장비에 훨씬 많은 비용을 쓰는 경우도 생기지 않을까?

 화장품도 순수 용액만 별도로 담은 리필제품을 팔든지, 아니면 화장품 용기 자체를 재활용할 수 있는 방법을 찾아봐야 하지 않을까? 요즘은 주방에서 쓰는 세제도 리필제품을 따로 판매하고 있는 실정이다. 화장품과 세제를 같은 기준으로 비교할 수는 없겠지만 두 제품 모두 용기가 제품의 질이나 기능을 좌우하지 않는다는 것만은 분명한 사실이다.

파랑새

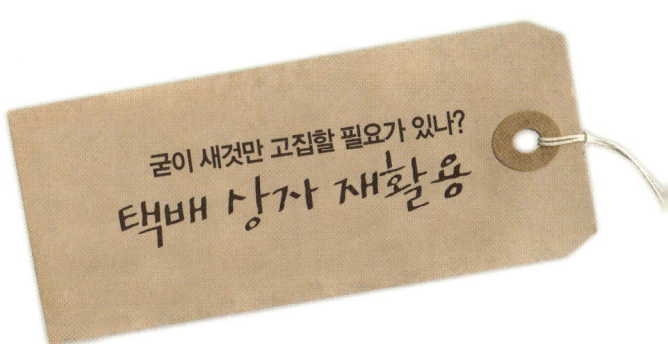

굳이 새것만 고집할 필요가 있나?
택배 상자 재활용

가끔 우체국 택배를 이용할 때마다 택배 상자를 재활용하지 않는 점이 아쉬웠다. 평소에는 집 안에 뒹구는 적당한 빈 상자를 골라 우편물을 보내곤 했는데, 어느 날 보니 빈 상자가 없었다. 할 수 없이 우체국에 가서 빈 상자를 골랐는데 가격이 1,300원이라고 했다. 순간 후회가 밀려왔다. 괜한 데 돈을 쓴다는 후회보다는 내가 조금만 더 신경을 썼으면 조금이나마 환경보호에 힘을 보탤 수 있었을 거라는 생각에서 비롯된 후회였다. 옆에 있는 슈퍼마켓에서 빈 상자를 하나 얻어올까 생각하기도 했다. 사실 우체국에서 사용하는 택배 상자는 얼마든지 재활용할 수 있다. 한두 번 사용했다고 해서 다시 쓰지 못할 정도로 파손되는 것도 아니기 때문이다. 또 설사 약간 흠집이 생겼다 해도 튼튼한 셀로판테이프로 두세 번만 감으면 물건을 포장하는 데는 아무런 문제도 없다.

사실 택배 상자는 대부분 한번 사용한 후 아깝게 버려진다. 물자 절약 차원에서라도 재활용 상자를 함께 구비해 놓았으면 한다. 물론 깨끗한 상자가 필요한 사람은 돈을 내고 구입하면 될 것이다. 쓰레기도 재활용하는 요즘, 대표적인 공기업의 하나라고 할 수 있는 우체국에서 아직도 재활용에 대한 인식 수준이 이렇듯 낮은 것은 문제가 있다고 본다. 우체국 배달원이 물건을 배달한 후에 "상자를 수거해 갈까요?"라고 한마디만 물어보면 어렵지 않게 재활용 상자를 모을 수 있을 것이다.

보거스

배달 음식 그릇은 초벌 설거지를 음식을 배달시켜 먹으면 빈 그릇을 문 앞에 내놓는다. 그런데 그릇에 남은 음식 찌꺼기며 휴지를 그대로 담아 내놓는 경우가 대부분이다. 집이나 사무실 앞에 지저분한 그릇이 쌓여 있는 것은 보기에도 좋지 않을 뿐더러 고약한 냄새 때문에 지나가는 사람들에게 불쾌감을 준다. 아무리 편하자고 배달시킨 음식이지만 먹고 난 그릇은 초벌 설거지라도 해서 내놓자. 내가 잠시 수고하면 지나가는 사람이 지저분한 그릇 때문에 인상을 찌푸릴 일도 없지 않을까?

전유성의 別別想像

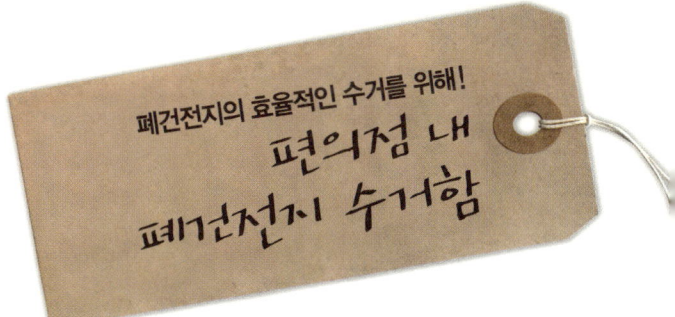

폐건전지의 효율적인 수거를 위해!
편의점 내 폐건전지 수거함

예전에는 학교에서 폐건전지를 수거했다. 그런데 시간이 지날수록 수거율이 떨어지더니 결국 사라지고 말았다. 폐건전지는 꼭 분리수거해야 하는 품목이다. 수은 중독은 말할 것도 없고 대기오염 문제도 심각하다. 이런 폐건전지를 보다 간편하고 효율적으로 수거할 수 있는 방법은 없을까? 주위를 둘러보면 참 많은 편의점이 있다. 길 하나만 건너면 편의점이 하나씩 보일 정도다. 심지어 한곳에 여러 편의점이 모여 있는 경우도 있다. 특히 편의점은 24시간 문을 열기 때문에 누구나 언제든지 접근할 수 있다는 이점도 있다.

이렇듯 사람들이 쉽게 이용하고, 접근할 수 있는 편의점이야말로 폐건전지를 모을 수 있는 최적의 장소가 아닐까? 물론 편의점 입장에서는 한 가지 일이 늘어나는 것일 수 있지만 사회 공헌 차원이나 봉사 활동 측면에서 기꺼이 동참할 수 있다고 본다. 특히 편의점은 일회용품 판매의 온상이기도 하다. 이런 친환경적 봉사 활동을 통해 이미지도 쇄신하고 이 사회의 친환경적 변화에 동참해 보는 것은 어떨까?

김재호

박원순의 아이디어 스크랩

낭비로 얼룩지는 화환 문화를 바꾸자

결혼식이나 개업식에 어김없이 등장하는 화환. 축하하는 마음을 전하고 보내는 이의 정성을 보여준다는 점에서는 의미가 있다. 하지만 이것도 지나치면 문제가 된다. 특히 유력가 자손의 결혼식이나 장례식 빈소에는 마치 그 세력을 과시라도 하듯 화환이 끝없이 늘어서 있는 경우가 허다하다. 또 화환을 보내는 사람 역시 마치 화환을 보내지 않으면 자신의 정성을 전할 길이 없는 것처럼 서둘러 꽃집에 전화를 한다. 그러나 그렇게 정성을 담아 보낸 화환도 며칠만 지나면 결국 쓰레기가 된다. 또 보통 화환 하나에 10만 원정도 한다는 점을 생각해 보면 지나친 낭비가 아닐까 싶다. 마음을 전하는데 이렇게 많은 돈을 들이고, 결국에는 쓰레기를 만드는 물품이 또 있을까?

아는 유명인사가 결혼식을 앞두고 '화환은 받지 않습니다'라고 쓴 청첩장을 돌렸는데 꽃집에서 전화해 "그럼 우리 같은 사람은 어떻게 먹고살라는 말이냐"라고 항의했다는 이야기를 들은 적이 있다. 틀린 말은 아니지만

그렇다고 사회적으로 낭비가 심한 사안에 대해 아무 말도 하지 않는 것 역시 문제가 있다고 본다.

화환을 완전히 없애자는 것이 아니다. 그걸 얼마든지 친환경적으로 만들 수도 있다는 말이다.

한 예술가의 전시회에 출품된 작품 중에 화환이 있었다. 마음속에서 우러난 진심 어린 박수를 친다는 의미인지, 고무장갑으로 화려한 화환을 만들었다. 마치 세태를 풍자한 것처럼 보이기도 한다.

정작 중요한 것은 사람들의 마음이고, 새로운 것을 시도해 보려는 노력이다. 낭비 요소가 많은 화환보다는 좀 더 색다른 선물을 준비하거나, 아니면 화환 자체를 의미 있는 기발한 형태로 변형해 보는 것도 좋을 것이다.

이게 스티로폼이야, 플라스틱이야?
재활용 쓰레기 분류 표기 방식 개선

집 안이나 사무실에서 나오는 각종 재활용 쓰레기를 분류할 때도 고민 아닌 고민을 하게 된다. 예를 들어 치약 튜브는 플라스틱으로 분류해야 할지 비닐 종류로 분류해야 할지, 치약 뚜껑은 플라스틱인 것 같은데 그 몸통은 대체 무엇으로 분류해야 할지 좀처럼 알 수가 없다. 이렇게 재활용 분리수거대 앞에서 고민하게 되는 품목이 한두 가지가 아니다. 아파트 단지에는 대개 재활용 쓰레기 분리수거대가 '플라스틱·페트병', '깡통·맥주 캔이나 참치 캔', '스티로폼·일회용 용기' 등으로 나뉘어 있는데 포장재 소재가 다양해서 그런지 가끔 보면 이게 종이인지 스티로폼인지, 플라스틱인지 구분하기 힘들 때도 있다.

그러다 문득 업체 측에서 아예 제품 한쪽에 어떤 재활용품인지 명확하게 표시해 주면 그런 고민을 덜 수 있지 않을까 하는 생각이 들었다. 단순하면서도 직관적으로 알 수 있는 아이콘 같은 것을 이용하면 더욱 좋을 것이다. 그리고 재활용 쓰레기 분리수거대에 놓인 각각의 통에 어떤 아이콘의 재활용품을 넣어야 하는지 알아보기 쉽게 표시해 놓으면 쓰레기를 버리는 사람은 그 아이콘만 비교해도 손쉽게 재활용 쓰레기를 분리할 수 있을 것이다. 복잡하게 생각할 필요 없이 어린아이도 충분히 할 수 있도록 말이다. 쓰레기 분리수거와 그로 인한 재활용이 어느 정도 정착되었다고는 하지만 아직도 지방이나 일부 소도시에서는 제대로 이루어지지 않고 있다. 성숙한 시민의식을 유도하기 위해서 다양한 방법으로 홍보하는 것도 좋지만 보다 편리하게 그 정책을 따를 수 있도록 제도적인 배려를 해주는 것도 필요하다고 본다.

드가

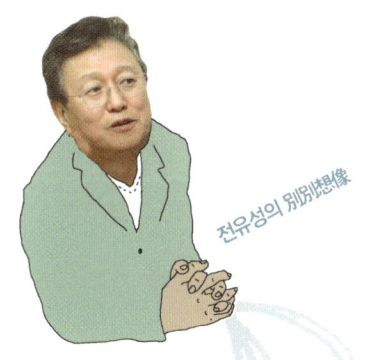

전유성의 別別想像

🔑 **쓰레기봉투에 광고를** 쓰레기봉투에 쓰레기를 조금이라도 더 담으려고 끙끙대다 결국은 봉투가 찢어져서 낭패를 본 경험, 누구나 한 번씩은 있을 것이다. 구에 따라 10리터짜리 쓰레기봉투 값이 140원에서 240원까지 한다.

아주 부담스러운 돈은 아니지만 쓰레기에 매일 몇 백 원씩 써야 한다고 생각하면 아까운 마음이 절로 드는데, 쓰레기봉투에 광고를 내는 건 어떨까? 구마다 그 지역 기업의 광고를 쓰레기봉투에 내고, 쓰레기봉투를 구민에게 무상으로 나눠주는 것이다. 그렇게 하면 광고주는 광고 효과가 높은 쓰레기봉투에 광고가 나가니 좋고, 구민들은 쓰레기봉투 값을 절약할 수 있으니 일석이조가 아닐까?

폐현수막을 새로운 보물로 바꾸자
현수막 재활용

각종 축제와 행사, 선거 등에서 빠지지 않는 소품이 있다면 바로 현수막일 것이다. 전국 곳곳 어디를 가나 현수막이 도로와 공터, 공원과 장터에서 펄럭이고 있다. 행사를 알리려는 취지는 좋지만 막상 행사가 끝나고 나면 산더미처럼 쌓인 현수막은 어디에 어떻게 쓰여야 할지 모른 채 쓰레기가 되고 만다. 그리고 환경미화원 아저씨들이 힘겹게 이를 치울 뿐이다. 특히 현수막에는 날짜와 장소 따위를 명시하기 때문에 한번 사용한 것을 다시 쓰기 힘들다. 매년 정기적으로 열리는 행사라고 해도 이를 1년 동안 보관했다가 다시 사용하기란 쉬운 일이 아니다. 설사 누군가 꼼꼼하게 관리한다고 해도 날짜가 바뀌었으니 연도나 날짜 위에 천을 덧대거나 해야 하는데, 이렇게까지 하면서 현수막을 재활용하려는 사람이 과연 얼마나 될까.

환경 분야에서 지구촌의 화두는 단연 '창조적 재생'이다. 우리가 사는 지구를 쓰레기 더미로 만들고 싶지 않다면 기존의 물건을 재활용하는 지혜가 무엇보다 필요하다. 폐현수막을 창조적 재생의 대상으로 삼아 또 다른 문화적·사회적 기회를 창출하는 방법을 찾아보자. 아름다운가게에 재능을 기부하는 시각 디자이너 윤호섭 씨는 전시회를 열 때 같은 전시장에서 바로 전에 열린 전시회에서 사용한 현수막으로 가방을 제작하고 이를 전시해 뜻 깊은 메시지를 전달하기도 했다. 버려지는 현수막도 어떻게 사용하느냐에 따라 얼마든지 가치 있는 물건으로 거듭날 수 있다는 점을 보여준 것이다.

폐현수막을 분리수거해 서울문화재단 같은 공공 문화 기구에서 창의적으로 재활용, 판매해서 수익을 창출하고 그 수익으로 장애인, 새터민, 한 부모 가족, 외국인 노동자 자녀를 위한 문화 프로그램을 운영해도 좋겠다. 비록 한 장 한 장은 큰돈이 안 될지라도 이것을 모아 창의적으로 재활용한다면 적지 않은 수익이 생길 것이다.

희망메이커

쓰레기통에서 발견한 예술성

쓰레기통은 더럽고 지저분하다는 인식이 늘 머릿속에 박혀 있다. 그도 그럴 것이, 인간의 소비를 최종적으로 맡는 도구이기 때문이다. 그래서 때로는 도시 경관을 해치는 경우도 있다. 심지어 이런 문제 때문에 서울에서는 도심에 있는 쓰레기통을 아예 없애버리기까지 했다. 극히 일부 지역에만 군데군데 쓰레기통이 눈에 띄는데, 그 정책에 반발하는 소리도 무시할 수 없다. 깨끗한 도시를 만든다는 취지는 좋지만 그 때문에 시민이 불편을 감수해야 하고 또 쓰레기통이 없어 아무 데나 쓰레기를 버리는 부작용도 낳을 수 있다는 것이다.

그래서 전 세계에 있는 쓰레기통을 집중 조명해 보려고 한다. '더러운' 쓰레기통도 만드는 사람에 따라서 얼마든지 달라질 수 있고, 오히려 쓰레기통이 도시 미관에 도움이 될 수도 있다는 것을 알 수 있을 것이다. 때로 쓰레기통은 도시의 인테리어에 도움을 주는 역할을 하기도 한다.

아래 사진은 종로3가 서울극장 앞에 놓인 쓰레기통이다. 코카콜라 광고와 그 옆에 버려진 꽁초가 좀 아쉽기는 하지만 일반 쓰레기통보다는 예쁘고, 영화관 앞에 있는 쓰레기통이라는 점에서는 나름 의미도 있다고 생각한다.

쓰레기통에 예술을 입힌 경우도 있다. 부여의 백제문화촌에 설치한 쓰레기통은 아름다운 왕관을 그려 넣어 그 품격을 높였다. 역시 백제왕릉원에 설치한 쓰레기통에는 와당 무늬를 비롯한 전통 문양이 새겨져 있다. 한국의 전통과 고유의 미를 쓰레기통에 반영한 것으로 한국을 찾은 외국인 관광객의 눈에도 의미 있는 디자인으로 비칠 거라고 생각한다.

제천의 한 호텔 정원에 있는 쓰레기통이다. 쓰레기를 넣는 부분은 금속으로 만들고 그 외부를 나무로 감싸 따뜻한 느낌을 전하는 것은 물론 주변의 나무와도 훌륭한 조화를 이룬다. 특히 내부에 비닐을 깔아놓아 한결 깔끔한 느낌이 든다. 아마 청소하는 분들도 쉽고 편하게 일을 할 수 있을 것이다.

뉴질랜드 오클랜드 시의 쓰레기통은 종이로 만든 것이 특징이다. 단순한 디자인이 오히려 신선할 뿐 아니라 나무를 형상화한 그림이 친환경적으로 느껴진다. 함부로 쓰레기를 버리지 못할 정도로 깔끔한 분위기다.

미국 샌프란시스코 시의 쓰레기통도 꽤 특이하다. 해적선이나 선술집의 술통을 그대로 옮겨놓은 듯한 분위기로 그 자체가 하나의 인테리어 역할을 한다. 바닷가의 분위기를 한층 돋워주는 신선한 아이디어라고 할 수 있다.

서초구청 앞에 놓인 쓰레기통은 전봇대에 매달아놓은 아이디어가 눈에 띈다. 쓰레기를 버리는 행인은 물론 수거하는 환경미화원도 눈높이나 키에 맞아 편리할 듯하다. 좀 더 깨끗하게 관리했으면 하는 아쉬움이 남긴 하지만 '눈높이를 맞춘다'는 발상 자체는 나름 의미가 있다고 생각한다.

독일 베를린에서 만난 쓰레기통은 다른 나라에 있는 것보다 현격하게 크다. 그럼에도 원형을 이용해 돔 형태로 만들어놓아 길을 걷는 사람들의 눈길을 끌고 또 일부는 아주 편리하게 쓰레기를 수거할 수 있도록 해놓았다.

작고 예술적인 쓰레기통 또한 눈에 띈다. 옆 사진의 쓰레기통은 독일 브레멘 대학 구내에서 발견한 것이다. 앙증맞으면서도 주변 환경과 꽤 잘 어울린다.

일본 도쿄 대학교 사회과학연구소 1층에서 만난 쓰레기통은 일본 특유의 질서정연함을 한눈에 보여준다. 아주 기능적일 뿐 아니라 깔끔하게 관리하며 그 위에는 쓰레기 분리수거 방법에 대해서도 자세히 적혀 있다.

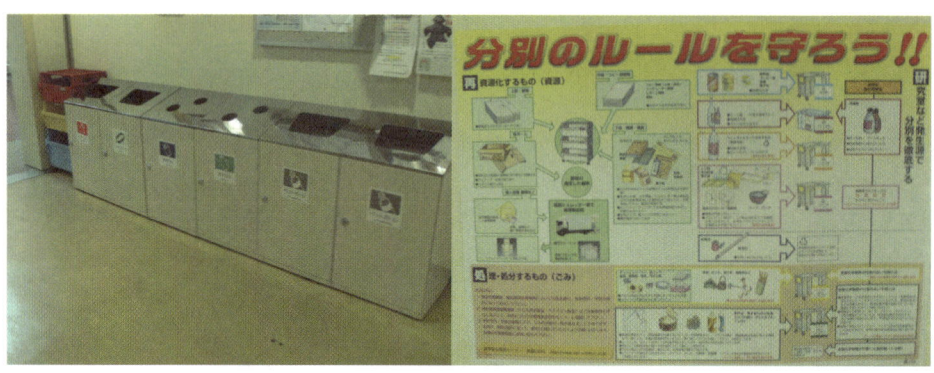

도쿄 대학교의 정문(아카몬) 입구에 있는 나무로 표면을 둘러싼 쓰레기통이다. 역시 안은 금속이지만 겉에는 나무 소재를 이용해 편안한 느낌을 최대한 살렸다.

도쿄 롯폰기 힐스에서 발견한 디자인이 멋진 쓰레기통. 차가운 금속성 재질이 롯폰기 힐스의 깔끔한 이미지와 잘 어울리고, 쓰레기통으로 보이지 않을 정도로 아주 깨끗하게 관리하고 있다. 가연성과 불가연성 등을 나타내는 아이콘이 있어 무엇을 어디에 버려야 할지 한눈에 알아볼 수 있다.

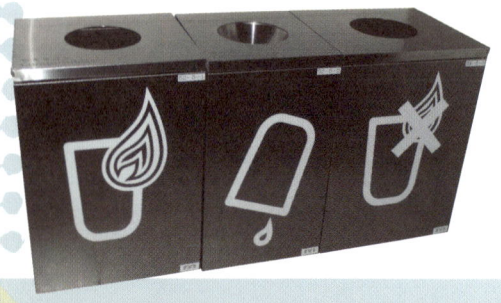

쓰레기통만 보아도 그 동네와 지역의 품격을 알 수 있다. 도쿄 시내 여기저기에서 발견한 쓰레기통인데 나름대로 그 지역과 주변 환경에 잘 어울리는 디자인이다.

조금 조잡하게 생긴 이 쓰레기통은 필리핀 마닐라 시내에서 발견한 것이다. 시멘트로 만들고 표면은 대나무 모양으로 디자인했다. 아이디어는 좋지만 내부가 더러운 것이 흠이다.

이제까지 여러 국가의 쓰레기통을 보면서 기존의 쓰레기통에 관한 인식이 새로워졌을 거라고 생각한다. 하찮은 쓰레기통 하나도 창의적인 발상을 더하면 얼마든지 새롭게 바뀔 수 있다는 것을 확인했을 것이다. 도시 디자인 차원에서, 또 보다 편리하고 깔끔한 생활을 위해서 쓰레기통 하나에도 신경을 쓰는 나라가 되었으면 좋겠다.

비닐봉지 사용을 줄이자
종이봉투 사용과 인센티브 강화

우리는 일상생활에서 아무 생각 없이 너무 많은 비닐봉지를 사용하고 있다. 일회용품도 마찬가지다. 비닐봉지는 제작할 때 원유를 사용하고 태울 때 공해가 발생하며 잘 썩지도 않는 등 문제가 많다. 따라서 비닐봉지 사용을 줄이기 위한 획기적인 대책이 필요하다. 우선 모든 공공기관에서 비닐봉지가 아닌 종이봉투를 사용하는 방법을 생각해 볼 수 있겠다. 환경 운동에 중점을 두는 한 종교 단체에서는 아예 재활용할 수 없는 쓰레기는 반입할 수 없도록 조치하고 있다. 공공기관에서도 비닐봉지 반입을 금지하면 구성원 모두 비닐봉지 사용을 최대한 자제할 것이다.

 두 번째로 대형 할인 마트뿐 아니라 일정 규모 이상의 모든 매장에서 장바구니를 가져가면 할인 혜택을 주고 비닐봉지 반환에 따른 인센티브도 지금의 50원에서 100원으로 올릴 필요가 있다. 왜냐하면 손님들은 대부분 환불해 가지 않는 반면, 할인 마트는 비닐봉지 판매 수입으로 수십억 원의 별도 수익을 챙기고 있기 때문이다. 말만 환경을 생각하는 제도일 뿐 실제로는 각 회사의 배를 불리는 또 다른 수익원으로 전락한 것이다. 종량제 봉투도 비닐로 만들 것이 아니라 마대나 질긴 종이처럼 환경 친화적인 소재로 대체할 필요가 있다. 환경을 생각해서 쓰레기 분리수거를 하고 종량제를 실시하는데 여전히 비닐봉지를 사용하는 것은 아이러니가 아닐까?

장연희

박준형의 FunFun Talk

재미있는 공사장 안내 표지판 도심에서도 공사 현장을 흔히 볼 수 있다. 그런데 몇 년 사이 공사장에 내걸린 표지판이 바뀌었다. 예전에는 그냥 '공사 중'이라고 써놓아 권위적이고 직접적으로 정보를 전달하는 차원이었지만 요즘에는 '6월 10일까지 끝낼 예정입니다. 전화번호는 011-0000-0000'이라고 써놓기도 한다. 예전보다 훨씬 친절해지고 행인에 대한 배려도 엿보이는 듯해 보기 좋다.

여기서 좀 더 변화를 꾀해 보면 어떨까? 공사장 근처를 지나다 보면 혹시 벽돌이라도 떨어지지 않을까 내심 발걸음이 빨라지는 것이 사실이고 먼지도 많이 나게 마련이다. 이럴 때 기분을 시원하게 전환해 주는 좀 더 유머러스한 문구를 생각해서 표지판에 넣어보면 어떨까? 낙서 수준에 불과할지도 모르지만 그걸 보고 한번쯤 웃을 수도 있을 것이다.

'10미터 전방에서 왼쪽으로 고개를 돌려보세요.' 그리고 10미터 앞 왼쪽에 'ㅋㅋ 똥 밟았어요.^^' 라고 쓴 표지판을 세워두는 거다. 물론 똥은 없다. 심각한 표정으로 길을 걷는 사람들에게 우연히 만난 공사 현장에서 예기치 않은 즐거움을 주는 것도 재미있지 않을까? 너무 개그적인가?

공공 목적으로 활용하는 전봇대

도시 경관을 해치는 것 중 하나로 전봇대에 붙어 있는 불법적인 광고물을 들 수 있다. 그래서 행정기관에서는 수시로 이런 광고물과의 전쟁을 벌이고 있다. 대대적으로 광고물을 떼는 것은 물론이고 심지어 아예 광고물을 붙일 수 없도록 전봇대에 뾰족한 모양의 판을 빙 둘러 덮는 경우도 있다. 그렇게 하면 광고물은 붙이지 못하겠지만 영 볼썽사나운 것이 사실이다.

영국 런던의 전봇대와 가로등은 공익을 위해 사용된다. 개인이 마구 광고물을 붙이는 것은 용납될 수 없는 행위다. 엄연히 공공의 재산이며 공공의 목적을 위해 사용된다는 것을 모든 시민이 알고 있고 또 이를 인정하기 때문이다. 그렇다면 어떻게 전봇대나 가로등을 공익을 위해 활용할 수 있을까? 우선 'Photo Spot'이라고 쓰인 표지판이 붙어 있는 모습을 볼 수 있다. 이런 전봇대의 주변에는 어김없이 사진을 찍을 만한 문화유산이나 명물이 있든가 경관이 뛰어난 곳이라는 이야기다. 실제로 이 표지판 앞에 서서 주위를 빙 둘러보면 좋은 사진을 찍을 수 있는 앵글이 나온다.

또 'Public Notice'라고 쓰여 있는 전봇대도 있다. 거기에는 어김없이 공공 목적의 경고나 알림 글이 보인다. 하찮아 보이는 전봇대나 가로등이 정부와 국민 간의 커뮤니케이션 수단으로 쓰이는 것이다.

우리나라도 충분히 이렇게 할 수 있다. 불법 광고물은 철저한 단속과 사후 추적으로 근절할 수 있을 테니 크게 어려운 일은 아니고, 각각 해당하는 표지판을 만들어 붙이는 것도 조금만 신경 쓰면 될 일이다. 외국인 관광객을 위해 곳곳에 지역에 대한 설명을 써붙인다든지 'Photo Spot'을 지정해 줄 수도 있다. 물론 도시 환경이 더욱 깔끔해질 것은 두말할 필요도 없다.

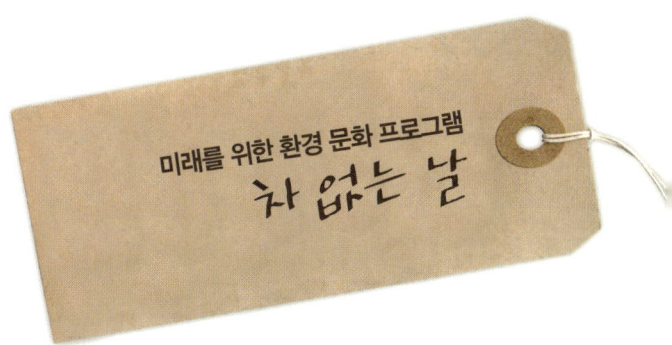

미래를 위한 환경 문화 프로그램
차 없는 날

문명의 이기, 자동차. 하지만 그로 인한 폐해도 끊임없이 늘어나고 있다. 교통사고로 인한 사상자와 대기오염이 가장 대표적인 예다. 사람을 보다 편안하게 하기 위해 만든 자동차가 무서운 흉기로 돌변해 생명을 위협하는 것이다.

1년에 단 하루라도 '차 없는 날'을 통해 새로운 환경 문화 프로그램을 실천해 보는 것은 어떨까? 콜롬비아 보고타 시에서는 2000년 2월 24일을 '차 없는 날'로 지정해 시행했다. 이날 대다수 시민이 80만 대에 이르는 자동차를 집에 두고 걷거나 자전거와 롤러스케이트를 이용해 이동했다. 보고타 시의 '차 없는 날'에는 한 건의 교통사고도 없었고 정오의 대기오염 수치 또한 22퍼센트나 떨어졌다. 물론 꼭 필요한 관용차, 예를 들어 병원의 앰뷸런스라든지 소방차, 범죄가 발생했을 때 출동해야 하는 경찰차 등은 예외다.

'차 없는 날'이 무리라면 '대중교통의 날'이라도 만들어보자. 그 날만큼은 대중교통을 이용하는 것이다. 물론 늘 승용차를 타고 다니던 사람들은 귀찮을 수도 있다. 하지만 한 달씩 하자는 것도 아니고 1년에 딱 하루다. 내가 사는 도시의 환경보호를 위해 그 정도 불편함은 감수할 수 있지 않을까?

   대신 도로의 한두 개 차선을 자전거 전용 도로로 만들어 수백만 시민이 자전거로 도시를 여행하게 하는 거다. 길거리 곳곳에서 눈 마주치며 웃고 도시락을 나눠 먹는 풍경도 결코 꿈만은 아닐 것이다. 또 이런 기회를 통해 환경오염을 줄이는 것은 물론이고 대중교통 이용을 권장하는 홍보도 할 수 있을 것이다.

유창주

서울시는 2007년 9월 10일을 '서울 차 없는 날'로 정하고 일부 구간에서 노선 버스를 제외한 모든 차량의 통행을 통제하였습니다. 대신 출근 시간대 광역버스를 제외한 시내버스 무료 이용을 비롯해 길거리 아티스트 공연, 이색 자전거 전시 및 시승, 각종 친환경 전시 등 시민들이 참여할 수 있는 다양한 행사를 개최하였습니다.

아름다운 산책길 UCC 경연 대회 요즘은 인터넷 콘텐츠에서 UCC가 대세라고 한다. 네티즌들이 직접 만든 동영상이 수많은 사이트를 옮겨 다니며 유익한 정보와 더불어 즐거움을 주고 있다. 그래서 많은 사람들이 UCC를 제작하려고 한다. 만드는 과정을 스스로 즐기고 또 한편으로 그것을 보는 사람도 즐겁게 한다는 점에서 UCC는 새로운 유형의 '인터넷 강국'을 만들어가는 데도 도움이 될 것이다.

이런 UCC를 가지고 경연 대회를 해보면 어떨까? '우리 동네 아름다운 산책길 소개' 같은 주제로 경연 대회를 여는 거다. 지방자치단체와 연계해서 돈을 좀 들이더라도 주민들이 편안하게 산책할 수 있는 길을 조성하고 그걸 네티즌이 동영상으로 찍어 편집해서 서로 경쟁하게 한다. 물론 대회에서 우승하면 더욱 좋고 경쟁에서 떨어지더라도 전혀 상관없다. 이미 각 동네에는 아름다운 산책길이 조성되었고 주민들은 그걸 이용하면 되니까. 기왕 만들 거 좀 더 신경 써서 잘 만들 수 있도록 경연 대회를 하자는 것이다.

요즘은 UCC가 '웃기는 것'에만 초점을 맞추고 있는 것 같은데, 굳이 그럴 필요는 없다고 본다. '실연했을 때 걷고 싶은 다리', '아름다운 간판 20선', '옷을 사도록 충동질하는 쇼윈도 20개' 같은 것을 만들어도 관심 있는 사람들은 얼마든지 볼 테고, 그 수준이 높고 취재를 열심히 했다면 몇 백 원을 내고 볼 수도 있을 것이다. 자신이 하는 일에 도움이 된다면, 그리고 반드시 필요한 정보라면 돈을 지불하더라도 보려고 할 테니까.

UCC의 활성화를 위해 포털 사이트도 적극적으로 나서서 다양한 방법을 제안했으면 한다. '많이 만들어서 우리 사이트에 올려주세요'라며 대책 없이 앉아서 기다릴 것이 아니라 네티즌들이 UCC를 통해 돈도 벌고 재미도 느낄 수 있는 장場을 마련해 주는 것이다.

박준형의 FunFun Talk

작은 기부가 모여 새로운 도시를 만든다
벤치·가로수 기부

도시를 가꾸는 일에는 대부분 해당 지방자치단체의 예산이 들어가게 마련이다. 세금을 내는 국민 입장에서는 너무나 당연한 일이다. 하지만 지방자치단체의 지출을 줄이면서 시민의 자부심도 높일 수 있는 방법을 생각해 봤다.

예를 들어 공원에 있는 벤치를 시민의 자발적인 기부를 통해 설치하는 건 어떨까? 그 벤치에는 기부자의 이름과 함께 기부자가 원하는 글귀를 적는다. 사랑하는 가족을 위해, 아내를 위해, 혹은 부모를 위해 마음을 담은 글귀를 적어놓으면 그것을 읽는 사람의 마음도 훈훈해질 것이다.

벤치를 이용하는 사람들은 늘 기부자의 이름과 그가 남긴 글귀를 읽으며 모르는 사람의 도움과 연대로 이루어지는 아름다운 삶의 흔적을 더듬을 수 있을 것이다. 기부자는 죽어서 이 세상을 떠나도 그의 이름과 마음은 여전히 도시 한편에 남아 수많은 사람의 가슴을 따뜻하게 적실 것이다.

비단 벤치만이 아니다. 도시의 가로수도 마찬가지다. 작은 기부가 세상을 좀 더 살맛 나게 한다는 사실을 잊지 말았으면 한다.

이진아

대학의 담을 허물어 도시 녹지 공간을 확보하자 이제 서울 시내는 개발이 포화 상태에 이른 듯 보인다. 재건축을 하는 곳이 많기는 하지만 서울 땅값이 워낙 비싸기 때문에 대부분 고층 아파트나 기업의 건물을 세우는 경우가 많다. 그렇다 보니 지금 있는 공원이나 녹지 공간 외에 새로운 공간을 만들기가 쉽지 않다.

박준형의 FunFun Talk

서울 시내가 너무 답답하다는 생각에 공원을 좀 더 만들 수 없을까 고민해 봤는데, 유일하게 가능성 있는 방법이 생각났다. 바로 대학의 담을 허물어서 그 거대한 캠퍼스를 도시와 조화롭게 잇고 캠퍼스 자체를 수려한 공원으로 만드는 것이다. 대학에서는 이렇게 하는 걸 싫어할까? 하지만 지금도 캠퍼스에는 누구든 자유롭게 드나들 수 있다. 지역 주민이 편안하게 휴식 공간으로 활용하기도 하고 뒷산이 있는 캠퍼스라면 주민들이 올라가서 나물을 뜯기도 한다.

어차피 그런 용도로 쓰이고 있다면 좀 더 확실하게 도시 디자인 차원에서 대학의 담을 허무는 건 어떨까 싶다. 지성의 상아탑이 높은 담 안에 갇혀 있을 필요는 없다고 본다. 지역 주민과 캠퍼스를 공유하고, 또 주민은 면학 분위기 조성에 일조하면서 지금보다 많은 잔디와 나무를 심으면 공부하는 대학생도 더 편안한 마음으로 집중력을 발휘할 수 있는 환경을 만들 수 있을 것이다.

이를 좀 더 발전시키면 대학뿐만 아니라 고등학교, 중학교의 담도 허물 수 있고 교회나 절을 둘러싼 담도 마찬가지다. 어쩌면 가장 개방적이어야 할 공간이 높은 울타리를 둘러 가장 폐쇄적인 공간을 고집하고 있는지도 모르겠다. 굳이 경계가 필요하다면 나무를 촘촘하게 심어 담을 대신할 수도 있을 것이다.

어떤 책에서 '남을 향해 벽을 쌓으면 그것의 반은 내 책임'이라는 글을 본 적이 있다. 마음의 담까지 함께 허물어 좀 더 조화롭게 살아갈 수 있는 도시로 거듭났으면 한다.

박원순의 아이디어 스크랩

누구나 쉬어 갈 수 있는 도심 속 휴식 공간

세계 어디든 중심 도시에는 공공 공간이 부족한 것이 사실이다. 애초에 도시를 디자인할 때 따로 공간을 확보하지 않으면 사유재산권과 부딪쳐 새로운 공간을 확보하기가 여간 어려운 일이 아니다. 특히 이런 경우라면 대부분 재산 소유권자의 배려에 기댈 수밖에 없는 상황이다.

외국에는 아예 'Public Space'라는 공공 공간이 있는데 우리나라도 배워볼 만하다고 생각한다. 한번은 뉴욕 맨해튼의 남쪽 끝 배터리 파크 쪽으로 간 적이 있다. 그 옆에 'Seventeen State'라는 현대식 건물이 있는데 그 건물 바로 앞에 오가는 행인들이 쉴 수 있는 작은 광장이 보였다. 그저 휑뎅그렁한 광장이 아니라 사람들이 쉬어 갈 수 있도록 기다란 나무 의자를 설치해 놓은 모습이 인상적이었다. 바쁜 도시 생활에서 이 정도 휴식을 취할 수 있는 것도 작은 행복이라는 생각이 들었고, 이런 공간을 조성한 건물주나 땅주인의 배려에 절로 미소가 머금어졌다.

그런데 가만히 살펴보다, 누구나 접근해 즐길 수 있는 공공장소에 대한 특별한 정책이 뒷받침해 주었기에 이런 공간이 조성될 수 있었다는 것을 알게 되었다. 광장 인근에 'Open to Public'이라는 글이 쓰여 있을 뿐 아니라 그 아래 장애인 접근 가능 표시도 함께 있었다. 더 나아가 이곳의 소유자와 관리자, 그리고 이 광장의 특징까지 설명해 두었다. 이쯤 되면 대중을 위한 공공 공간 정책이 얼마나 잘되어 있는지 한눈에 알 수 있다. 여기서 멈추지 않고 표지판에는 이용하는 데 불편한 점이 있으면 언제든 도시계획과나 건축과로 연락해 달라는 부연 설명도 빼놓지 않았다. 이곳만이 아니라 또 다른 지하철역 입구에 있는 현대식으로 단장한 작은 광장 역시 공공 공간으로 지정해 시민들이 언제든 접근해서 쉴 수 있도록 배려했다. 서울에도 곳곳에 공원이 있고 또 쉬어 갈 수 있는 공공장소가 있긴 하지만 좀 더 여유롭고 풍요로운 도시 생활을 위해서는 이에 대한 정책적 배려가 필요하다고 본다.

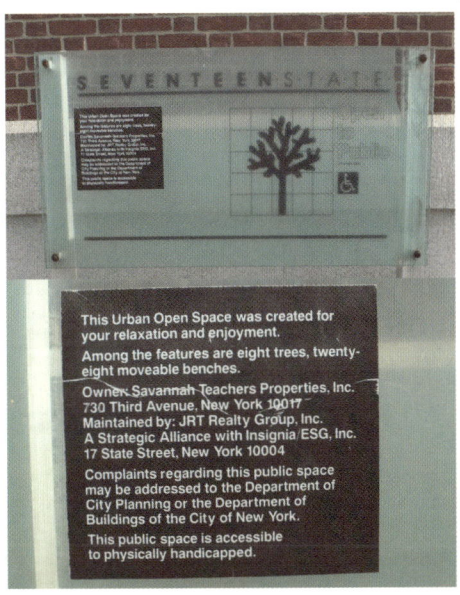

네 이웃을 힘나게 하라

티낼 수도 없는 힘든 예비 엄마들을 위해! • 장애인도 함께 행복한 사회 • 여자라서 행복해요, 하지만! • 장애인도 함께 즐길 수 있는 공간 • 노숙인을 위한 최소한의 배려 • 그들도 우리처럼 행복해져야 한다 • 모으다 만 쿠폰, 나눔의 장으로 끌어내자 • 장애인을 위한 의미 있는 배려 • 나도 모르게 공금을 횡령하다? • 평소 이용하는 은행을 통해 기부하자 • 주인 잃은 푼돈, 티끌 모아 태산 • 대체 왜 그들에게 관대한 거죠? • 재벌이 한 달에 1만 원을 받으러 구청에 간다? • 제3세계 어린이에게 꿈과 희망을! • 배워서 남 주는 기쁨을 아는가 • 구직자의 개인 정보와 아이디어 유출을 막자 • 배낭족을 위한 여행 경비 해결법 • 전업주부도 당당한 전문가다 • 턱없이 모자란 노인 간병 인력

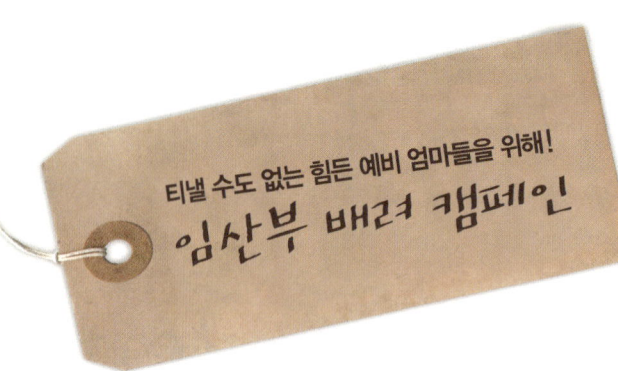

티낼 수도 없는 힘든 예비 엄마들을 위해! 임산부 배려 캠페인

임산부가 대중교통을 이용하려면 여간 힘든 일이 아니다. 만삭인 임신부는 그나마 다행이다. 주변 사람들이 자리를 양보하기도 하고 이것저것 신경 써주기도 하니까. 문제는 아직 배가 부르지 않은 임신부다. 배가 부르지 않았으니 임신을 했는지 안 했는지 주변 사람들이 알 도리가 없고 그렇다고 '저 임신했는데 자리 좀 양보해 주실래요?'라고 말하는 것도 쉽지 않다. 또 실제 임신부인지 아닌지 확인할 길도 없다.

뱃속에서 아기를 키우는 것은 무척 힘든 일이다. 한번은 지하철 안에서 갑자기 눈앞이 노래지면서 현기증이 나고 다리의 힘이 풀려 주저앉을 뻔한 적이 있다. 하지만 사람들은 내가 임신부인지 몰라 그저 야속하게 앉아 있을 뿐이었다. 할 수 없이 노약자석에 앉았는데 어르신들의 눈총이 따가웠다. 멀쩡한 젊은 사람이 노약자석에 앉아 있는 것이 못마땅한 눈치였다. 그렇다고 일일이 돌아보는 사람들에게 설명하는 것도 불가능한 일이다. 몸은 편했지만 마음은 불편했다. 반대로 그냥 서 있으면 마음은 편할지 몰라도 몸이 힘들게 마련이다.

다른 사람들이 알 수 있도록 임산부라는 특별한 표식을 만드는 것은 어떨까? 아기 발바닥이나 핑크 리본 같은 것을 달면 쉽게 임산부라는 것을 확인할 수 있고, 그러면 주변 사람들도 금세 눈치 채고 배려해 줄 것이다.

이런 표식은 병원에서 임신 사실을 확인한 순간 의사가 임신을 축하하는 선물의 의미로 전해 주면 된다. 힘들게 임신한 여성이라면 이 배지를 달고 다니면 기분도 좋아질 것이다.

조혜원

2006년 여름과 가을에 민관 공동 캠페인(여성가족부 · 보건복지부 · 건설교통부 · 희망제작소 · 서울YWCA)을 진행했으며 모범적인 민관 공동 캠페인으로 평가받았습니다. 전국의 지하철과 버스에 스티커와 포스터를 붙이고, 배지와 가방고리를 각각 10만 개씩 배포했습니다. 2007년에도 계속 진행 중이며 민관 공동 캠페인의 틀을 유지하고 있습니다.

💡 임신하면 나라에서 선물을 주자

내가 초등학교에 다니던 1980년대만 해도 '둘만 낳아 잘 기르자'라는 인구 줄이기 캠페인 포스터가 여기저기 붙어 있었다. 하지만 이제는 세계 최상위 저출산 국가가 되어 국가의 미래가 걱정된다는 소리가 여기저기서 들린다. 출산을 장려하기 위해 국가에서 여러 가지 일을 하고 있는 것으로 알고 있다.

나름대로 생각해 본 건데, 임신하면 동사무소나 구청에서 빈혈을 예방하는 철분제를 주는 건 어떨까? 꼭 철분제가 아니어도 된다. 미역을 줘도 되고 기저귀 한 세트를 줘도 좋다.

우리나라같이 땅이 좁은 나라에서는 결국 사람이 경쟁력일 수밖에 없다. 자라나는 아이들도 인구의 중요성을 알 수 있도록 각종 포스터 대회를 여는 것도 좋지 않을까?

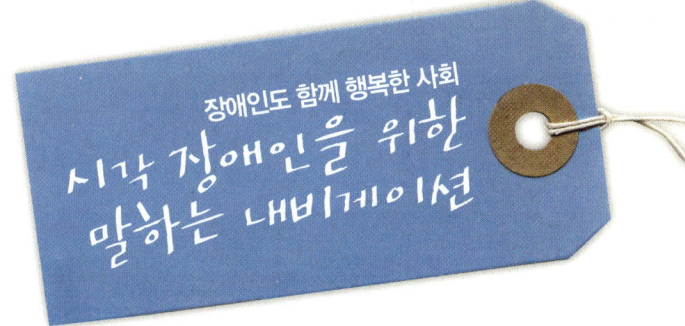

장애인도 함께 행복한 사회
시각 장애인을 위한 말하는 내비게이션

장애로 고생하는 여러 사람 중에서도 특히 힘들고 괴로운 것이 바로 시각 장애인 아닐까? 이 아름다운 세상을, 사랑하는 사람을 볼 수 없는 것만으로도 충분히 괴롭고 힘들 것이다.

물론 이런 시각 장애인을 위해 관련 기관에서 맹인견을 훈련해 보급하고 있다. 맹인견은 시각 장애인이 자유롭게 거리를 돌아다닐 수 있도록 돕는 것은 물론 그들의 친구가 되어주는 고마운 존재다. 하지만 아쉽게도 말을 할 수 없기 때문에 의사소통에 문제가 생길 수 있다.

그래서 '시각 장애인을 위한 말하는 내비게이션'을 보급했으면 한다. 현재 자신이 어디에 있는지, 몇 미터를 가서 우회전이나 좌회전을 해야 하는지 내비게이션이 말해 주면 훨씬 움직임이 자유로울 것이다.

식당에서도 마찬가지다. 어디에 계산대가 있는지 알려줄 수도 있지 않을까? 식당에 가서도 어떤 메뉴가 있는지 시각 장애인은 알기

어렵다. 그렇다고 바쁜 식당 종업원이 일일이 설명해 주는 것도 쉽지 않다. 메뉴판에도 점자를 첨부하면 좋을 것 같다.

현재 시중에 판매되고 있는 내비게이션에 시각 장애인을 위한 몇 가지 기능만 더하면 그리 어려울 건 없다고 본다. 국가가 최소한 장애인을 위해 이 정도 배려는 해야 하는 것 아닌가? 국가에서 나서지 않는다면 통신 회사에서 하면 될 것이다.

이윤호

여자라서 행복해요, 하지만!
생리 여성 수영장 이용 차별 부당

성인 여성이 수영장을 이용할 때 상당히 불합리한 점이 있다. 다름 아닌 생리 때문. 스포츠센터에 등록해서 수영장에 다닌 적이 있다. 그런데 중간에 갑작스레 생리가 시작됐다. 졸지에 고스란히 일주일을 흘려보내야 했다. 애초에 생리 주기를 계산해서 등록하긴 했지만 그것이 마음먹은 대로 되지 않는다는 것은 여자라면 누구나 잘 알 것이다. 이렇게 예상치 못한 일이 생겼을 때는 난감하다.

개인적인 사정도 아니고 생리 때문에 수영을 잠깐 쉬는 것은 인정해 주지 않을까 해서 스포츠센터에 문의해 봤다. 하지만 그쪽에서는 '그건 개인적인 문제'라고 했다. 그러면 생리 기간 중에 수영해도 되냐고 물어봤더니 그것도 안 된다고 했다. 생리를 하는 것이 무슨 인간으로서 죄를 짓는 것도 아닌데 너무한다는 생각이 들었다. 생리가 없다면 새로운 생명의 탄생도 있을 수 없다는 점을 감안하면 이치에 맞지 않는 말도 안 되는 천대라고 생각한다.

그렇다면 성인 여성은 단지 '여성'이라는 이유 때문에 늘 이런 손해를 감수해야 한다는 말인가. 수영뿐 아니라 여성이 스포츠 활동을 하려면 생리 때문에 여러 가지 난관에 부딪히게 된다. 직장에도 생리휴가가 있는데, 공공 분야에서 아무런 대책 없이 부당한 대우를 강요하는 건 말이 되지 않는다. 이는 법적인 문제로까지 확대될 수 있는 사안이다. 특히 여성 차별이라는 문제에서는 아직도 우리 사회 곳곳에 남아 있는 구시대적 유물이 삶의 질적 수준을 높이는 걸 방해하고 있다. 하루빨리 대책을 세웠으면 한다.

 폴

서울시 송파구와 양천구는 구립 수영장을 이용하는 여성에 한해 이용 요금의 5퍼센트를 할인하거나 일주일 동안 다른 시설을 이용할 수 있는 쿠폰을 발행, 생리 기간 중에 수영장을 이용할 수 없는 여성을 고려한 정책을 마련했습니다. 울산시 동구도 자체 조례를 제정해 발표했고, 서울시와 대전시는 여성 소비자의 권리를 보호하기 위해 '수영장 생리 할인 조례'를 준비하고 있습니다.

박준형의 FunFun Talk

🔑 군인의 마음을 안정시키는 '변심 휴가'

요즘 군대가 옛날보다는 훨씬 지내기 편해졌다고 하지만 그래도 젊은 청춘들의 영원한 고민이라면 단연 '사랑과 연애'에 관한 문제일 것이다. 몇 년간 군대에 있다 보면 때로 애인이 변심하거나 관계가 소원해져서 제대로 군 생활을 하기 힘든 경우도 있다. 예전처럼 변심한 애인을 찾아 막무가내로 탈영하는 일은 줄었지만 심리적으로 힘든 것은 사실이다.

몇 년 전 한 신문에서 연애 문제로 힘들어하는 병사들을 위한 연애 상담 컨설턴트 병사가 군내에서 활약하고 있다는 기사를 본 적이 있다. 아직도 있는지는 모르겠지만 이런 연애 상담병을 더욱 늘리고 더불어 '변심 휴가'라는 것을 주는 것은 어떨까? 지속적으로 관찰하다가 애인이 완전히 변심해서 개인적으로 견디기 힘든 지경에 이르면 애인을 만나고 오라면서 변심 휴가를 주는 것이다.

물론 변심 휴가를 가서 애인을 만난다고 돌아선 상대의 마음을 되돌릴 수 있는 것은 아닐 것이다. 하지만 최소한 심리적인 안정이라도 찾고 돌아오지 않을까? 보통 막연히 상상만 하면서 불안해하기보다 실제로 당사자를 만나 이야기를 들어보면 그것이 어떤 결과를 낳든 마음이 다소 안정되는 것이 사실이다. 변심 휴가, 우리의 군 관계자들은 어떻게 생각할까?

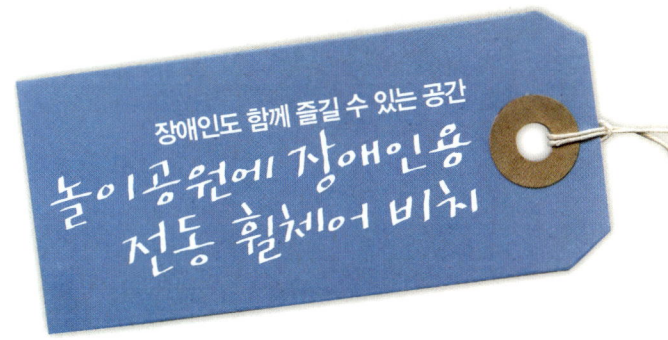

장애인도 함께 즐길 수 있는 공간
놀이공원에 장애인용 전동 휠체어 비치

놀이공원은 일반인도 오래 돌아다니면 힘에 부칠 정도로 넓고 복잡하다. 언덕도 많고 여기저기 갈림길이 많아 자칫 헷갈리기도 쉽다. 장애인이 이런 놀이공원을 즐기는 건 여간 힘든 일이 아니다. 전동 휠체어라도 있으면 좋으련만, 그걸 구입하기 힘든 이들도 있게 마련이다. 만약 놀이공원에 전동 휠체어를 비치해 놓는다면 장애인도 일반인과 마찬가지로 즐거운 한때를 보낼 수 있을 것이다. 물론 매일 전동 휠체어를 타고 다니면 더 바랄 나위 없겠지만, 경제 사정상 그렇게 하기 힘든 경우 놀이공원에서라도 그들을 배려해 준다면 얼마나 좋을까.

하지만 실제 현실은 그렇지 않다. 직접 조사해 본 결과 롯데월드와 서울랜드에는 아예 전동 휠체어가 없고 에버랜드에는 구형 세 대, 신형 세 대의 전동 휠체어가 있을 뿐이다. 그것도 대여료가 무려 1만 5,000원에 달한다. 대기업일수록 사회 공헌 활동에도 적극적이어야 하는 마당에 놀이공원의 이런 처사는 불합리하다고 생각한다.

놀이공원 측에서는 장애인에게 무료입장 혜택을 주고 있다고 하지만 실제 장애인이 즐길 수 있는 인프라를 구축해 놓지 않은 상황에서 무료입장권 배포는 빛 좋은 개살구일 뿐이다. 아무리 무료로 입장해도 편안하게 즐길 수 없다면 허울 좋은 이벤트성 행사에 불과하기 때문이다. 놀이공원은 수십억, 수백억을 들여 새로운 놀이기구를 들여오지만 정작 장애인을 위해서는 전동 휠체어도 갖추지 않거나 설사 갖추어놓았다 해도 비싼 대여료를 받고 있다. 기업 입장을 생각하지 않는 것인지도 모르겠지만, 전동 휠체어를 무료로 빌려준다고 해서 매출에 큰 타격이 있을까? 오히려 놀이공원의 이미지에 보탬이 될 것이고 이런 이미지는 돈으로는 환산할 수 없는 가치를 지닐 것이다. 놀이공원에서 좀 더 장애인 고객의 입장을 헤아려주길 간절히 바란다.

driller

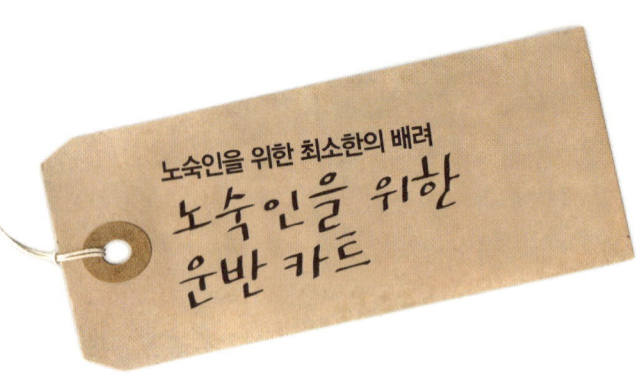

거리나 지하철역을 다니다 보면 노숙인들을 어렵지 않게 볼 수 있다. 그럴 때마다 한편으로는 안타깝기도 하고 또 한편으로는 저분들을 위해 사회적으로 무언가 해줄 것이 없을까 생각해 보기도 한다. 사회복지 시설이 꽤 있다고는 하지만 그곳의 생활을 견디지 못해 차라리 노숙을 택하는 사람도 많다고 한다. 일본에도 비슷한 이유로 노숙인이 많다고 들었다.

그래서 제안하는 건데, 노숙인들이 지금보다 조금이나마 나은 생활을 할 수 있도록 '운반 카트'를 만들어주는 것은 어떨까? 비록 노숙을 하지만 그분들도 필요한 물건이 있을 것이고 운반하려면 불편한 점이 한두 가지가 아닐 것이다. 그럴 때 운반 카트라도 있으면 좀 낫지 않을까? 대형 마트에서 사용하는 카트를 조금만 변형해도 충분히 사용 가능한 운반 수단이 될 것이다.

외국에서는 이미 이런 프로젝트를 진행한 적이 있다. 아방가르드 예술가 크시슈토프 보디츠코Krzysztof Wodiczko는 1988~89년에

'노숙인을 위한 기구 만들기 프로젝트(Homeless Vehicle Project)'를 통해 노숙인이 손쉽게 사용할 수 있는 이동식 수납공간과 잠자리를 만들었다. 이 기구를 사용해 노숙인들은 그전보다 훨씬 편안한 생활을 했다고 한다.

 우리도 노숙인을 위한 생활 키트Kit나 운반 카트 만들기 같은 공공 프로젝트를 진행해 노숙인을 위한 사회적 배려라는 공감대를 형성했으면 한다. 비록 이 사회에서 정상적으로 살아가지는 못하더라도 최소한의 배려를 통해 그분들의 생활이 조금이나마 나아졌으면 하는 바람이다.

                  류제홍

박준형의 FunFun Talk

💡 **세금을 잘 내게 하는 방법, 선행권** 우리 사회에서 억울하게 욕먹는 부류 중 하나가 바로 '부자'가 아닐까 싶다. 일부 부자는 돈을 쌓아놓고 있으면서 세금도 제대로 내지 않고 자기 배 불리는 데만 혈안이 되어 있기 때문이다.

하지만 모든 부자가 그런 건 절대로 아니다. 국가에서 인정할 정도로 세금을 잘 내 표창을 받고 대대손손 자랑거리로 삼으면서 후대에 모범을 보이는 부자도 있고, 남들이 알아주든 알아주지 않든 꼬박꼬박 세금을 내며 보이지 않는 곳에서 우리 사회의 발전을 돕는 부자도 있다. 너무 고마운 사람들이다. 열심히 일해서, 일한 만큼 돈을 벌고 또 정직하게 세금을 내는 모습이야말로 진짜 건강한 부자의 모습이 아닐까 싶다. 이런 사람들이 더욱 많아져야 소외된 사람도 조금이나마 복지 혜택을 누릴 수 있을 것이다.

그래서 이런 부자들이 좀 더 살기 좋은 나라를 만들기 위해 이른바 '선행권'을 만들면 어떨까 생각해 보았다. 세금을 잘 내고 기부를 많이 해서 평소에 선행을 쌓은 사람에게 선행권을 나눠주고 사소한 잘못, 예를 들어 불법 주·정차를 했을 때 한 번씩 면죄 혜택을 주는 것이다. 공공 주차장의 경우 선행권을 한 장 제출하면 한두 시간 무료로 사용할 수 있게 하는 방법도 생각해 볼 수 있을 것이다.

아니면 대통령 직권으로 '세금왕'이라는 딱지를 자동차 앞면 유리에 붙이고 다닐 수 있게 해도 좋지 않을까? 세금을 많이 낸다는 자부심과 함께 우리 사회에서는 세금 잘 내는 사람을 이만큼 우대하니 세금을 잘 내자는 홍보도 할 수 있을 것이다. 물론 지금도 세금 잘 내는 사람을 표창하고 있지만 그 기준을 낮춰서 좀 더 많은 사람이 이런 '세금 부자' 대열에 끼었으면 하는 바람이다.

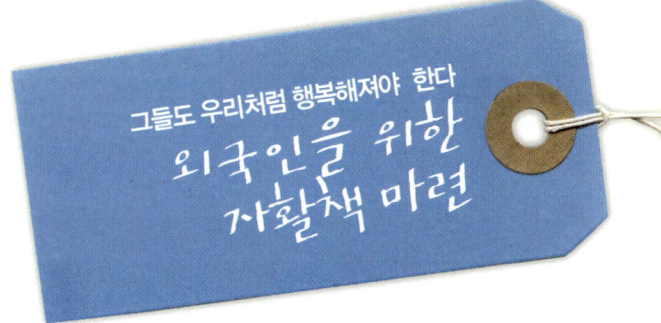

그들도 우리처럼 행복해져야 한다
외국인을 위한 자활책 마련

　이주 외국인 노동자나 한국 남성과 결혼한 외국 여성은 우리 사회에 존재하는 약자 중 한 사람이다. 머나먼 타국에 와서 가족과 떨어져 지내는 외로움과 싸워야 할 뿐 아니라 한국 사회의 편견도 견뎌내야 한다. 그러면서도 미래를 준비해야 하기에 하루하루 열심히 일하며 힘든 삶을 살아가고 있다.

　그들 중에서도 특히 노예 같은 삶을 연명하는 이들이 바로 한국 남성과 결혼한 동남아 여성이다. 애초에 부푼 꿈을 안고 한국에 왔지만 남편의 술버릇 때문에 고생하며 살아가는 이들이 많다. 술만 마시면 아내를 패는 일부 한국 남성들. 그 괴로운 상황에서도 그들은 섣불리 이혼을 생각하지 못한다. 만약 이혼할 경우 일주일 만에 바로 한국에서 추방당하는 처량한 신세로 전락하기 때문이다.

　그들이 한국에서 할 수 있는 일이 무엇일까? 일단 법적·제도적 문제는 별개로 하더라도, 당장 그들이 자신의 장점을 살려 한국에서 돈을 벌어 살아갈 수 있는 길을 열어주어야 한다.

가장 좋은 방법은 각국의 특색을 살린 조그만 난장을 마련해 주는 것이다. 현재 대학로에서 매주 이런 공간이 점차 확대되어 그들의 경제력을 높이는 데 도움을 주고 있다. 중국, 태국, 필리핀, 말레이시아 등 각국의 요리를 맛볼 수 있는 자리를 마련하면 한국인도 이색적인 맛을 즐길 수 있지 않은가. 이런 작은 노력을 시작으로 점차 그들의 복지 문제까지 확대해 갈 수 있을 것이다. 한때는 우리도 못 사는 나라였음을 잊지 말았으면 한다.

이윤호

군인의 건강과 자부심을 위해, 깔깔이를 오리털로 군대에 있을 때 가장 싫었던 것이 겨울이다. 지금도 전방 부대에서 고생하고 있는 국군 장병들은 아마 겨울이 가장 괴로울 것이다. 추운 겨울, 밖에서 두 시간 정도 덜덜 떨고 있으면 '도대체 내가 지금 뭐 하고 있나' 하는 생각이 절로 들었다.

우리 군인들이 의존하는 겨울용 의류인 깔깔이를 오리털 깔깔이로 바꿔주면 어떨까? 얇디얇은 솜으로 누빈 지금의 깔깔이보다는 훨씬 따뜻하고 가벼울 것이다. 아마도 군대에 다녀온 사람은 누구나 알 것이다. 그 보온 효과는 상상만으로도 차이가 엄청나다는 것을. 그렇게 하면 군인들도 자부심이 생기지 않을까? 전 세계에서 유일하게 '오리털 깔깔이'를 입는 군인으로서 말이다.

다만 오리털 깔깔이를 지급한다고 무리하게 국방 예산을 쓰기는 힘들 테니 재원을 마련해야 할 것이다. 민방위 훈련에 불참한 사람에게 벌금을 부과하면 어떨까? 지금보다 철저하게 민방위 관리를 하고 불참한 사람에게 확실하게 벌금을 받은 후에 부족한 것은 기업의 후원을 받고 정부 예산을 더하면 가능하지 않을까 싶다.

군대에 관해 한 가지 아이디어를 더 낸다면 대민 봉사에 관한 것이다. 모내기철이 되면 군인들이 봉사를 나가 농민을 도와주곤 한다. 그런데 실상 농민들의 속내를 들어보면 '고맙긴 하지만 잘못하면 오히려 작업에 방해가 되는 경우도 있다'고 한다. 농사일을 전혀 모르는 병사들이 모내기를 하니까 그런 것이다.

이럴 때는 시골에서 모내기를 해본 경험이 있는 사람으로 '특공대'를 꾸려 보내면 어떨까? 실제로 그런 친구들은 누가 봐도 엄청나게 모내기를 잘한다. 그런 친구 한 명이 농사일에 문외한인 100명을 보내는 것보다 훨씬 효율적인 도움을 줄 수 있을 것이다.

모으다 만 쿠폰, 나눔의 장으로 끌어내자

무료 쿠폰으로 불우 이웃 돕기

치킨, 피자, 족발……. 가정에서 흔히 배달시켜 먹는 음식이다. 그런데 요즘은 경쟁이 치열한 탓인지 각 업소에서 한 번 음식을 시킬 때마다 쿠폰을 한 장씩 주고 열 장 정도 모으면 별도로 다른 음식을 주문할 수 있는 혜택을 주기도 한다. 맛있는 음식점을 자주 이용하면 고객에게 덤이 생기니 음식을 파는 사람이나 사 먹는 사람 모두에게 좋은 마케팅 방법이다. 물론 이 쿠폰을 차곡차곡 모아 서비스를 받는 집도 있겠지만 상당수는 그새 몇 장 모으나가 잃어버리기도 하고 때로 쿠폰을 모으는 것 자체를 잊기도 한다. 이렇게 각 가정에서 잠자고 있는 쿠폰을 모아 지역사회의 저소득 가정이나 결식아동에게 음식을 제공하는 것은 어떨까? 동사무소에 쿠폰함을 비치하거나 시민단체에서 수거할 수도 있고 아니면 청소년 자원봉사단이 월 1회 정도 수거하러 다녀도 좋다.

이 행사에 참여하는 업체 또한 '나눔 업소'라는 스티커를 제작해 부착하거나 광고할 때 '나눔 업소'임을 알릴 수 있게 한다면 매출이 올라갈 것이다. 가능하다면 지역 소매업소뿐 아니라 백화점이나 체인 패스트푸드점도 함께했으면 좋겠다. 그럼 기업 이미지도 제고할 수 있고 또 불쌍한 어린이를 돕는다는 차원에서 사회봉사로서도 충분한 가치가 있다고 본다.

바보쓰리

박준형의 FunFun Talk

저소득층도 문화를 즐길 권리가 있다 현재 우리나라가 '문화 선진국'이라고 말하는 건 좀 무리일 수도 있지만 어쨌든 예전보다 많이 나아진 것만은 사실이다. 한류 현상만 봐도 그렇고 뮤지컬이 주목받는 것도 이제는 일상에서 문화를 접할 수 있는 기회가 많아졌다는 증거다.

여기서 중요한 것은 이런 문화를 즐기는 데도 소외 계층이 있다는 사실이다. 저소득층의 문화의식 함양을 위해 정부나 지방자치단체가 해당 문화기획사와 함께 나서보는 건 어떨까? 일정 수입 이하의 저소득층을 대상으로 1년에 한 번이라도 보고 싶은 영화나 뮤지컬을 신청할 수 있게 하고 심사를 거쳐 무료로 초대권을 보내주는 것이다. 일종의 문화 공유 운동이라고 할 수 있겠다. 낙도 어린이들을 초청할 수도 있고 독거노인이나 정신지체 아동이 그 대상이 될 수도 있다. 물론 지금도 이런 문화 운동을 진행하고 있지만 일회성 행사로 그치는 것이 사실이다. 이를 정기적인 프로그램으로 정착시키고 그 대상을 더욱 넓혀 모두 함께 문화를 즐길 수 있는 사회를 만들었으면 한다.

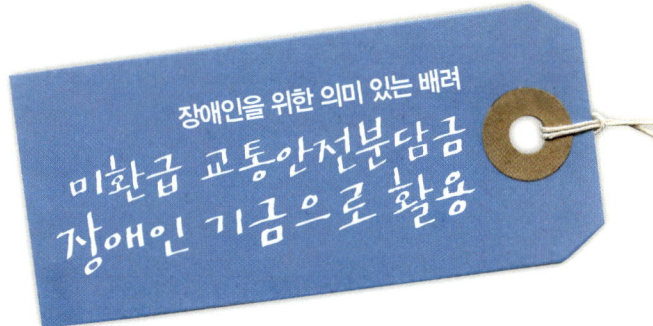

장애인을 위한 의미 있는 배려
미환급 교통안전분담금
장애인 기금으로 활용

2001년까지만 해도 운전면허를 취득하거나 자동차를 새로 등록할 때 몇 년 치 교통안전분담금을 한꺼번에 내야 했다. 하지만 정부는 2001년 말 국민에게 부담을 주는 준조세를 정비하면서 교통안전분담금 제도를 폐지했다. 그리고 선납한 분담금은 2006년 말까지 신청자에 한해 환급해 주었다. 하지만 환급률이 매우 낮다고 한다. 홍보가 덜 된 탓도 있겠지만 얼마 안 되는 돈이라고 생각해 하루 이틀 미루다 잊어버린 경우도 허다할 것이다. 하지만 푼돈도 모으면 큰돈이 된다. 2006년 7월 말 당시 무려 700억 원에 육박하는 금액이 도로교통안전관리공단에 남아 있었다고 한다. 올해까지 최대한 환급한다고 해도 아마 수십억에서 수백억 원은 여전히 남게 될 것이다. 이 엄청난 금액의 돈을 그냥 그대로 묵혀두지 말고 활용할 수 있는 방법은 없을까?

현행 도로교통법에 따라 미환급 교통안전분담금은 도로교통안전관리공단으로 귀속된다. 도로교통법을 일부 개정해 이 미환급 분담금을 고통받는 장애인을 위한 기금으로 활용하면 어떨까? 장애인은 이동의 권리가 비교적 제한되는 만큼 이들을 위해 교통안전분담금을 사용하는 것은 사회적으로도 의미 있는 일이다. 장애인용 차량 개선에 투자한다든지 차량의 가스 주입 시 일정한 혜택을 주는 등 방법은 여러 가지다. 물론 이 돈을 도로교통안전관리공단에서 나름대로 우리나라 교통 발전을 위해 쓸 수도 있겠지만, 공단의 경우 매년 일정한 예산이 있고 지속적인 수입이 있는 만큼, 이 교통안전분담금만큼은 보다 의미 있는 일에 사용했으면 한다.

송래형

취한 김에 용기 내어 기부해 보자, '술김에 기부' 방송 일을 하다 보면 이러 저러해서 술 마실 일이 많은데, 그럴 때 사람들은 '술김에'라는 말을 자주 쓴다. "술김에 실수 좀 했어", "술김에 약속했어" 등등. 우리나라 사람들은 술에 취해 한 실수에는 비교적 관대하기 때문에 남에게 큰 피해를 주는 나쁜 일이 아니라면 그냥 넘어가는 경우가 많다.

그런데 이왕이면 '술김에' 할 수 있는 좋은 일은 없을까? 그래, 그럼 술김에 한번 기부를 해보자. 술 마시면 기분도 좋아지고 평소에는 쑥스럽거나 소극적이어서 실행하지 못했던 기부를 그때 할 수 있도록 유도하는 것이다. 소주 다섯 병을 마시면 여섯 병 값을 계산하고 그 한 병 값을 불우한 이웃을 위해 쓰면 된다. 열 병을 마시면 열두 병 값을 계산하게 하는 식이다. 소주 두세 잔에 인사불성으로 취해 스스로 '불우한 이웃'이 되는 사람도 있지만, 술을 잘 마시는 사람에게는 기분도 좋고 기부도 하고 일석이조가 아닐까?

소주 회사의 경쟁이 치열해서 가끔씩 식당에 가면 도우미 아가씨들이 술을 공짜로 주기도 한다. 그 방법을 이용하는 것도 좋겠다. 테이블 위에 놓여 있는 소주가 다섯 병이 넘으면 도우미 아가씨가 다가가서 "어머! 술을 정말로 기분 좋게 드시네요. 다섯 병이나 드셨으니까 한 병 값을 불우한 이웃을 위해 기부하시는 게 어떨까요?" 하고 상냥하게 권하는 기다. 그러면 "안 돼요!" 하고 매정하게 내칠 남자는 거의 없지 않을까?

술값을 계산한 그 사람 이름으로 기부하는 것은 당연한 일. 소주 회사도 물론 함께 참여할 수 있을 것이다. 기왕 마시는 술, 기분 좋게 마시고 기부도 하면 모두를 위해 좋은 일이 아닐까?

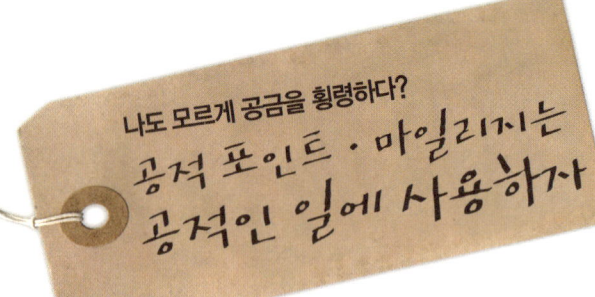

공적 포인트·마일리지는 공적인 일에 사용하자

나도 모르게 공금을 횡령하다?

일을 하다 보면 공적인 용도로 비용을 쓰게 되는 경우가 있다. 그럴 때는 대개 법인카드로 결제하는데, 그 과정에서 카드의 포인트가 차곡차곡 적립된다. 뿐만 아니라 해외 출장을 가게 되면 항공사에서 마일리지도 적립해 준다. 그런데 일부 사람은 이렇게 공적인 일로 적립된 포인트나 마일리지를 사적으로 사용하기도 한다.

요즘 포인트나 마일리지는 거의 현금처럼 사용할 수 있다. 포인트를 적립해 물건을 살 수 있고 마일리지를 적립하면 또 다른 비행기 티켓을 얻을 수 있으니 어떻게 보면 현금과 똑같은 역할을 한다고 할 수 있다. 그런 만큼 공적으로 쌓인 포인트나 마일리지를 사사로운 목적으로 사용하는 건 문제가 될 수 있다. 공공 자금을 사적으로 쓰는 것이기 때문이다. 법적으로 따지면 '공금횡령죄'에 해당한다.

공적으로 쌓인 포인트와 마일리지는 당연히 공적인 일에 써야 한다. 이렇게 하면 현금으로 지출할 일을 포인트로 대신하니 예산 절약 차원에서도 반드시 권장해야 할 사항이다. 해당 기관에서는 직원의 업무 지침을 만들 때 '공적 포인트나 마일리지는 사적으로 쓸 수 없다'는 내용을 명시하고 이를 교육해야 할 것이다. 그리고 공적 포인트나 마일리지 사용 결과 또한 엄격히 산출해야 한다. 비록 그 결과를 세세히 공개할 필요까지는 없다 해도 만약 감사를 받게 될 경우 이 부분에 대해서도 엄정한 잣대를 적용해야 한다. 이를 보다 효율적으로 사용하는 방안에 대해서는 카드 회사, 항공사 그리고 정부 기관이나 기업이 머리를 맞대고 협의해 지혜를 짜내야 할 것이다.

✍ 김현성

평소 이용하는 은행을 통해 기부하자

기부 통장으로 불우 이웃 돕기

 기부를 하고 싶지만 방법을 몰라 못하는 사람도 있다. 물론 스스로 좀 더 부지런히 이것저것 알아보고 기부할 수도 있지만 아마도 대부분 자신을 탓하기보다 기부하는 방법의 어려움을 탓할 것이다. 그런 만큼 가장 쉽고 편한 기부 방법을 찾아나가면 기부 문화도 지금보다 활성화될 것이라고 생각한다.

 가장 좋은 방법은 바로 은행을 통하는 것이다. 인터넷 뱅킹이든, 직접 지점에 찾아가든 성인이라면 누구나 은행을 이용할 수밖에 없다. 어느 은행이든 필수적인 공익사업으로 기부 통장을 일반 통장처럼 관리할 수 있는 시스템을 만들고, 그 시스템을 통해 통합적으로 기부금을 받는다면 훨씬 편리할 것이다. 내가 늘 이용하는 은행에 기부할 수 있는 별도의 계좌가 있다면 지금보다는 훨씬 쉽게 기부를 할 수 있지 않을까? 인터넷 뱅킹을 위해 수시로 접속하는 은행 홈페이지에 기부금을 필요로 하는 곳이나 불우한 이웃에 대한 정보를 정기적으로 업데이트하면 사업을 위해, 혹은 생활을 위해 송금하거나 통장 관리를 할 때 잠깐 짬을 내서 적은 돈이나마 기부할 수도 있을 것이다.

이런 기부 방식을 가장 잘 활용하고 있는 것이 바로 TV 방송을 통한 기부다. 우리 사회에서 힘들게 살아가는 이웃의 딱한 사정을 보여주면서 화면 위 한쪽에 전화번호를 띄워놓는다. 꽤 많은 사람이 이런 방식으로 기부를 해보았을 것이다. 기부할 수 있는 정보, 그리고 편리한 시스템을 만들어놓으면 정이 많은 한국 사람은 지금보다 훨씬 많은 기부를 하지 않을까?

만약 자신의 통장에 기부 내역이 찍히면 남들에게 자랑할 수도 있고 이를 자료로 편리하게 연말정산을 할 수도 있다. 또 각 가정에 기부 통장이 있으면 아이들도 보고 배울 수 있으니 교육적인 측면에서도 효과 만점일 것이다.

하늘마음

오늘 하루만큼은 용서가 강물처럼 넘쳐흐르길! 살다 보면 화날 때도 있고 즐거울 때도 있지만 왠지 요즘엔 많은 사람들이 가슴속에 화를 품고 살아가는 것 같다. 사회가 점점 각박해지는 탓도 있겠지만 경제적으로 어려워져서 자신도 모르게 거칠고 사나운 마음이 일어나는 게 아닐까? 어쩌면 개그 프로그램이 인기를 끄는 것도 사람들의 이런 심리 때문인지 모른다.

하지만 화를 마음속에 쌓아두는 것은 자기 자신을 위해서도 썩 좋지 않다. 자신의 건강을 해치는 스트레스로 작용하고 분노의 에너지가 몸속에 있으므로 타인을 대할 때도 날카로울 수밖에 없다. 그래서 하루쯤 '용서의 날'을 정하면 어떨까 생각해 봤다. 이날만큼은 마음속에 쌓아둔 화를 조용히 내려놓고 편안한 마음으로 타인을 용서하는 것이다.

하지만 개개인의 깊은 화를 내려놓게 하려면 그저 '용서의 날'만 정해 놓는 것으로는 부족하다. 김수환 추기경 같은 분이 방송에 나와 '싸우지 말고 오늘만큼은 용서하자'는 고견을 말씀하고, 사회 각계각층의 지도층 인사도 마음속 화를 내려놓을 때 얻게 되는 부가적 즐거움을 말해 함께 분위기를 띄워야 한다. 이벤트로 '내가 용서할 사람에게 먼저 전화하기' 같은 것을 해서 자신에게 잘못한 사람이 용서를 구하러 오기를 기다리기보다 먼저 전화해서 용서하게 할 수도 있을 것이다.

우리 사회에 있는 화의 열기, 분노의 에너지가 조금이나마 줄어든다면 그만큼 친절하고 아름다운 사회가 되지 않을까? 벼르고 있는 마음, 사나운 마음을 내려놓고 넓은 마음으로 포용하는 '용서의 날', 어떤가?

박준형의 FunFun Talk

주인 잃은 푼돈, 티끌 모아 태산
휴면계좌의 사회 기금 전환

한 사람이 여러 개의 통장을 가지고 있는 경우가 많다. 그렇다 보니 주로 사용하는 통장이 있고 그렇지 않은 통장도 있다. 심지어 아예 통장의 존재 자체를 잊어버리기도 한다. 특히 푼돈이 들어 있는 통장이라면 자연스레 관심이 덜 가고 그러다 잊고 지내는 경우도 허다하다.

통장에 일정액(10만 원) 이하의 잔액이 1년 이상 변동 없이 예치되어 있는 경우 은행에서는 이를 '휴면계좌'로 분류하고 잡수익으로 처리한다. 은행에서도 고객에게 일일이 전화해 휴면계좌의 존재를 알려주는 노력까지는 하지 않는다. 인력이 부족한 탓도 있겠지만, 사실 자기 돈을 관리하는 것은 본인의 책임이기 때문에 은행 측에 그런 고지 의무는 없을 수도 있다.

하지만 이런 휴면계좌도 모두 모으면 엄청난 액수가 된다. 한 사람 한 사람에게 1,000원이나 2,000원은 푼돈일지 몰라도 이것을 모으면 큰돈이 된다. 예금자보호법을 개정해 이 돈을 예금자 보호 정

책 기금이나 금융 문화 개선 사업 기금, 중소기업 창업 지원 기금, 영세 서민 근로 대출 기금 등으로 조성해서 활용하면 어떨까? 푼돈이 모여 금융 문화를 선진화하고 국부를 창출하는 데 도움이 된다면 고려해 볼 만한 가치가 있지 않을까? 물론 이렇게 기금으로 전환하기 전에 해당 은행의 홈페이지 등을 통해 사전에 충분히 공지하고 구체적으로 얼마의 돈이 어떤 기금으로 전환되었는지 밝혀야겠지만, 잘 활용하면 사회 복지 수준을 높일 수 있는 새로운 재원 확보에 큰 도움이 될 것이다.

시민평가단 민족경륜

대체 왜 그들에게 관대한 거죠?
세금 미납자의 권리 제한

고액 세금 미납자의 파렴치한 모습을 고발하는 TV 프로그램을 봤다. 국민으로서 의무를 다하지 않으면서 국가의 혜택을 누리는 그들을 보며 가슴이 답답했다. 재산을 분산, 은닉한 고액 체납자의 권리를 제한하는 건 어떨까? 엄격한 심사를 거쳐 고의로 세금을 체납한 사람을 행정 전산망에 등록해서 인감증명, 주민등록등본, 여권 발급 등을 제한하는 것이다. 국방의 의무를 수행하지 않으면 바로 형사처벌을 받고, 또 사회적인 제재도 많다. 하지만 유독 파렴치한 세금 미납자에게만큼은 이런 제재가 없다. 대다수 성실한 납세자와 아무런 차별 없이 지내는 고액 체납자들. 그들이 그렇게 할 수 있는 이유는 세금을 내지 않아도 아무런 불편 없이 살아갈 수 있기 때문이다. 마땅히 해야 할 의무는 내팽개친 채 제 권리만 챙기는 사람들, 그들에게는 어떤 형태로든 제재를 가하는 것이 좋을 듯하다. 그래야만 세금을 꼬박꼬박 내는 사람들도 억울하다는 생각 없이 성실하게 납세 의무를 다할 것이다.

풍경소리

한일 라이온스클럽 비교, 진정한 사회봉사를 생각한다

'라이온스클럽'이나 '로터리클럽'은 대표적인 국제 봉사 단체다. 국제적인 연대를 통해 어려운 사람을 돕는다는 취지는 인류가 만들어가는 아주 훌륭한 미덕 가운데 하나다. 하지만 이 단체들이 국제단체라고는 해도 실제로 각국에서 운영할 때는 해당 국가의 문화적 배경이 반영되기 마련이다.

일본의 신주쿠 역 입구에 가면 라이온스 조각상이 있다. 우리나라도 곳곳에서 이런 조각상을 볼 수 있지만, 일본의 경우 단순히 단체의 홍보나 가입 유도를 위해 세워놓은 것만은 아니다. 라이온스 조각상에 동전을 넣으면 '어흥' 하는 소리와 함께 동전 떨어지는 소리가 들린다. 그저 '어흥' 소리를 들으라고 재미로 만들어놓은 것은 아니다. 이렇게 모인 돈은 제3세계 어린이의 실명 방지를 위한 기금으로 쓰인다. 재미도 있거니와 의미도 크다.

  자녀 교육을 위해서도 꽤 유용하다. 아이들이 직접 돈을 집어넣으면 '어흥' 하는 소리에 즐겁기도 하지만, 이 돈이 어떻게 사용되는지 알려주면 어려서부터 봉사와 선행, 타인에게 도움을 베푸는 삶의 가치를 자신도 모르는 사이에 체화할 수 있기 때문이다.

  한편 우리나라의 라이온스클럽 조각상은 이런 실질적인 의미는 물론 교육적 의미 또한 찾아보기 힘들다. 하다못해 '어흥' 하는 즐거움도 주지 못한다. 안내 탑은 많지만 자선 활동에 대한 세심한 배려가 보이지 않는다. 각 단체별로 운영 방침이나 홍보 전략이 다르겠지만 일본의 사례처럼 보다 봉사의 길을 생각하는 모임으로 거듭났으면 한다.

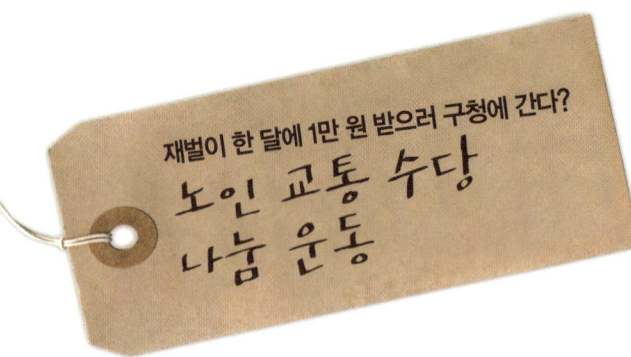

재벌이 한 달에 1만 원 받으러 구청에 간다?
노인 교통 수당 나눔 운동

만 65세가 넘은 대한민국 국민이면 누구나 정부에서 한 달에 1만 원 정도의 교통 수당을 받는다. 한 달에 1만 원으로 교통비가 충당되는 건 아닐 테지만 노인 복지 정책의 하나로 그 나름의 효과와 의미가 있다고 할 수 있다. 특히 노인 교통 수당은 지난 1994년 821억 원에서 2005년 5,017억 원으로 무려 여섯 배가 늘었다고 한다. 재원이 늘어난 만큼 이 혜택을 받는 사람도 늘어났을 테고, 우리 사회의 복지 수준이 그만큼 발전했다는 의미도 된다.

문제는 이 수당이 노인의 소득 수준에 관계없이 지급된다는 점이다. 한 구청 관계자는 "국회의원, 장관, 재벌 회장도 모두 교통 수당을 받는다. 외제 차를 타고 와서 수당을 신청하는 사람도 있다"고 말했다(동아일보 보도). 정말이지 놀라울 따름이다. 도대체 누구를 위한 노인 교통 수당인가 하는 회의가 들 정도다. 공짜라면 사회적 지위는 물론이고 체면도 버리는 모습이 부끄럽지 않은가. 물론 국회의원이나 재벌이 직접 오지는 않을 것이다. 하지만 국가에서 지급하는 돈을 받으려면 본인이 직접 와야 정정당당한 일 아닐까?

　서울시와 각 구청이 지급하는 교통 수당을 모으면 치매 노인 예순 명을 수용하는 요양 시설을 매년 열 개씩 지을 수 있다고 한다. 소득 수준에 상관없이 지급하는 현 교통 수당 체제는 분명 모순점이 있다. 노인 교통 수당의 문제점을 공론화해 저소득 노인 복지 지원 예산으로 사용할 수 있도록 하는 것이 바람직하다. 일정 소득이 안 될 경우에는 이 교통 수당을 지급하는 것이 당연하다. 결국 이 돈은 국민이 피땀 흘려 낸 세금이라는 사실을 잊어서는 안 된다. 형평성을 정확히 따져서 지급하면 불우한 이웃이 지금보다는 좀 더 나은 생활을 할 수 있을 것이다.

유창주

제3세계 어린이에게 꿈과 희망을!
염소 한 마리 사주기

제3세계 어린이를 위한 프로젝트를 진행하다 보면 나 자신도 모르게 뿌듯해질 때가 많다. 일본의 조선인 학교 아이들에게 책을 보내 주거나 레바논 아이들에게 도움을 주면서 오히려 도움을 받는 아이들보다 도움을 주는 어른이 더 행복감을 느끼기도 한다.

이런 프로젝트를 좀 더 발전시켜서 아이들이 직접 참여할 수 있게 하는 건 어떨까? 염소 한 마리를 사주는 것만으로도 제3세계 아이들에게는 큰 도움이 된다. 그 염소를 키우며 자신의 꿈도 함께 키우고, 나이가 들어 상급 학교에 진학할 때는 염소를 팔아 자신의 인생을 한층 업그레이드해 줄 학비로 쓸 수도 있다. 이런 염소 한 마리 사는 데 드는 돈은 한국에서 돼지 저금통 하나 정도면 충분하다. 송아지를 사주면 소로 키워서 더 큰 도움을 받을 수도 있다.

물론 이 프로젝트에 참여하는 아이들을 위한 교육적인 가치도 있다. 아이들끼리 자매결연을 맺게 하면 보다 넓은 세상을 배울 수 있다. 자신만 생각하는 좁은 식견에서 벗어나 어렵게 살아가는 아이들을 보면서 자신이 얼마나 행복한지 느낄 수 있고, 어려서부터 남을 돕고 봉사하는 삶이 몸에 배어 보다 의미 있고 행복한 삶을 살아가게 될 것이다. 아이들에게 무한 경쟁을 통해 이 세상이 얼마나 냉정하고 무서운 곳인지 가르쳐주는 것보다는 따뜻한 삶의 단면을 보여주는 것이 바로 부모가 해야 할 일 아닐까?

이윤호

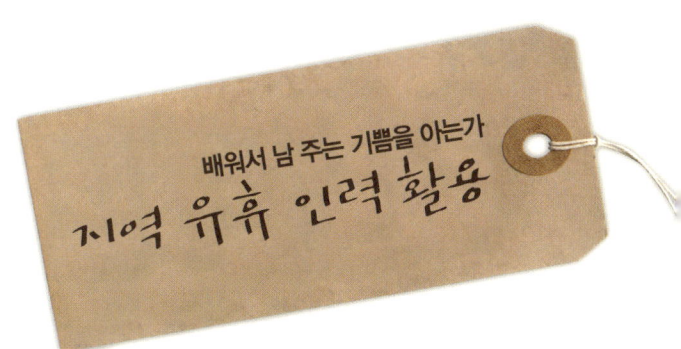

배워서 남 주는 기쁨을 아는가
지역 유휴 인력 활용

알고 보면 각 지역에는 이른바 '유휴 자원'이 꽤 많다. 특히 교육 분야에서 풍부한 지식과 학습 능력을 갖췄음에도 현재 상황에 발목이 묶여 타인에게 도움을 주지 못하는 사람들 말이다. 대학원까지 나온 인재임에도 아이를 키우느라 실력을 썩히는 경우도 있고 나이가 들었다는 이유만으로 하루 종일 집을 지키는 은퇴자도 있다.

그러나 한편에서는 큰돈을 들여 영어 마을을 조성하거나 조기 유학을 보내고 또 고액 학원이 인기를 끌고 있다. 지역에서 찾아본다면 훌륭한 교육 유휴 자원이 많음에도 불구하고 말이다.

이는 '사회적 인력 낭비'라고 할 수 있다. 유휴 인력에게 교육의 장을 마련해 준다면 사회적 능력을 인정받는 것은 물론 이웃에게 봉사할 수 있는 기회도 된다. 그런 의미에서 열린 마음과 봉사 정신을 토대로 지속 가능한 열린 사회교육 프로그램을 만들어보는 것은 어떨까? 물론 이 프로그램은 민간 비영리 조직에서 운영해야 할 것이다. 이를 통해 학교가 제공하지 못하는 다양한 체험 학습, 독서 지도, 운동, 교류, 특강, 멘토링, 코칭 등 내 자식과 남의 자식을 위한 의미 있는 봉사 활동을 활성화할 수 있다.

지역 동사무소나 마을회관을 활용하면 교육장 문제도 해결될 것이고 학교와 지방자치단체가 힘을 보태면 보다 체계적이고 집중적인 교육이 이루어질 수 있다. 100퍼센트 무료 봉사하기 힘들다면 저렴한 비용으로 할 수도 있다. 유휴 인력에게는 경제적인 이득을 주고 또 비싼 학원 수강료가 부담스러운 서민에게도 도움이 되는 인력 활용법이다.

희망메이커

필요한 물건은 여행지에 가서 사자 여행 갈 짐을 쌀 때, 여행지에서 먹을 음식을 챙기는 사람이 많다. 여행지에 가서 사면 가격이 비싸니까 쌀부터 김치, 라면, 술까지 모두 싸가지고 여행을 가는 것이다. 물론 돈을 아낀다는 차원에서는 여행지에서 바가지를 쓰는 것보다 집 근처 마트에서 미리 구입해 가는 편이 훨씬 바람직할 것이다.

하지만 여행 가서 아름다운 풍경과 볼거리를 즐겼다면 그곳의 가게에서 물건도 사고 그래서 그 지역 경제에도 조금은 도움을 주는 것이 좋지 않을까? 여행지 인심이 나쁘다고 험담만 할 게 아니라 내가 먼저 인심을 쓰면 더 유쾌하게 여행을 즐길 수 있다. 이렇게 하면 여행지에서 바가지 씌우는 행태도 좀 줄어들지 않을까?

여행지에서도 이제 더 이상 관광객에게 바가지를 씌우는 일이 없었으면 한다. 관광지의 상인들이 늘 하는 말이 "우리는 한철 벌어 1년을 먹고산다"고 한다. 하지만 그 말이 사실이라면 꽤 남는 장사가 아닌가? 도대체 한철 벌어서 1년 동안 먹고살 수 있는 일이 얼마나 된단 말인가. 농사일도 겨울에는 쉬지만 나머지 기간에는 쉼 없이 일해야 하는데, 유통으로 한철만 일해 1년을 버틴다는 것은 행운에 가까운 일이다. 이제는 해외여행도 대중화됐고 국내 관광지도 차별화를 위해 안간힘을 쓰고 있다. '한철 장사'를 핑계로 사람들의 주머니를 노리는 바가지 상혼은 이제 없어져야 한다.

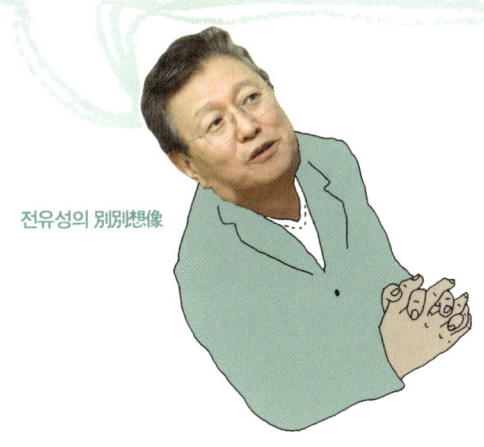

전유성의 別別想像

구직자의 개인 정보와 아이디어 유출을 막자
지원 서류 반환제

구직자가 채용자보다 심리적으로 불리한 상황에 놓일 수밖에 없다는 점을 악용해 채용자가 구직자들의 개인 정보를 무단으로 수집하는 경우가 있다. 이렇게 수집한 정보가 정작 당사자는 모르는 사이 부동산업자나 텔레마케팅업체 등으로 유출되고 있다. 한마디로 취업을 미끼로 개인 정보를 빼내는 사기 행위라고 할 수 있다. 채용 지원 아이디어 서류(품의서, 제안서, 사업기획서, 업무계획서 등)를 첨부하게 해서 구직자를 상대로 아이디어를 수집하는 일도 허다하다. 중소기업뿐 아니라 대기업에서도 이런 일이 횡행한다는 불신감이 암암리에 퍼져 있는 실정이다. 하지만 대부분의 기업에서 채용 조건으로 아예 '지원 서류 반환 불가'를 명시하고 있어 구직자 입장에서는 항의하는 것조차 쉽지 않다. 자신이 입사할 수도 있는 회사에 미리부터 밉보이고 싶지 않기 때문이다.

공공기관에 지원서를 낼 때도 정부 수입인지를 사서 붙여야 하는데 그 시간과 돈과 열정의 낭비를 아무도 보상하지 않는다. 적성과 능력과 경력 등을 고려하지 않고 '묻지 마' 지원을 하는 구직자에게도 문제는 있지만, 그렇다고 해도 사회적 약자인 구직자에게 비용과 시간 부담을 모두 떠넘기고 아이디어와 개인 정보까지 무단으로 훔치는 묵시적 관행은 사라져야 한다.

 우선 정부 기관이든 대기업이든 중소기업이든 채용 공고를 낸 후 불합격자에게는 이력서 등 지원 서류를 돌려주어야 한다. 물론 기업 입장에서는 설사 이런 제도가 있다고 해도 충분히 개인 정보를 빼낼 수 있다. 하지만 최소한 이런 안전장치라도 있어야 하지 않을까? 더불어 같은 서류를 반복해서 작성하지 않아도 되니 번거로움도 덜 수 있을 것이다.

☞ 시민평가단 민족경륜

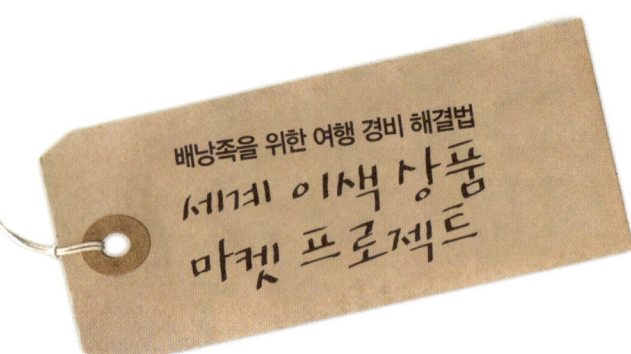

배낭족을 위한 여행 경비 해결법
세계 이색 상품 마켓 프로젝트

해외여행 자유화 조치 이후 꾸준히 배낭여행을 하는 사람이 늘고 있다. 1년 이상 장기 배낭여행을 통해 인생의 새로운 의미를 찾으려는 사람도 많다. 그런 그들에게 가장 아쉬운 것은 바로 여행 경비다. 그렇다 보니 잘 먹지도 못하면서 힘들게 여행하기도 한다. 물론 그것이 배낭여행의 진정한 묘미일 수 있지만, 그들에게 뭔가 도움을 주고 또 한국에 있는 사람들도 그들을 통해 새로운 것을 얻을 수 있는 프로젝트가 있었으면 한다.

배낭 하나 메고 전 세계 구석구석을 돌아다니면서 구해온 진귀한 골동품이나 기존의 인식을 뒤흔들 만한 다양한 아이템을 한국에서 팔게 하는 것이다. 가령 홍대 앞에서 팔게 하면 젊은이들의 호기심을 자극할 수 있고 그 자체로 하나의 문화 행사가 될 것이다. 일정 가격을 매겨 팔게 하고 수익금 중 일부를 배낭여행자를 위한 여행 경비로 지원하면 된다. 적당한 공간만 있다면 어디서든 할 수 있고 비가 올 경우를 대비해 천막 하나만 장만하면 충분하다. 특히 요즘

젊은이들은 자신만의 개성을 드러낼 수 있는 제품을 선호하므로 시장은 이미 형성되어 있다고 볼 수 있고, 이를 통해 서로 의미 있는 시간을 공유할 수 있을 것이다.

― 이윤호

이사할 때 동네 정보 남기기 봄이 되면 이사하는 사람이 많아진다. 상황에 따라 가까운 곳으로 이사하는 집도 있고 멀리 낯선 동네로 떠나는 집도 있을 것이다. 가까운 동네라면 상관없지만 낯선 곳에 가면 생소하기도 하고 지역에 대한 정보가 없어 불편하기도 하다. 이럴 때 새로 이사한 집에서 이런 쪽지를 발견한다면 어떨까?

'오늘 자장면은 공공중국집에서 시켜보세요. 맛이 괜찮습니다. 그리고 세탁소는 구구세탁소를 이용하세요. 드라이가 깔끔하고 친절하답니다. 과일은 팔팔과일가게가 싸고 맛있어요. 이 집에서 지하철역으로 나가려면 큰길 칠칠슈퍼마켓에서 66번 마을버스를 타면 됩니다. 복 많이 받으세요.'

만약 이런 쪽지를 발견한다면 금세 새로 이사 온 동네에 정이 들지 않을까? 비록 서로 얼굴도 모르고 무슨 일을 하는 사람인지, 그리고 어디로 이사했는지 전혀 모르지만 이런 친절한 배려를 접한다면 누구나 마음이 흐뭇해질 것이다. 아니, 오히려 전혀 모르는 사람이라 더 마음이 따뜻해질 것이다. 자신이 일방적으로 도움을 받았기 때문에 다음에 이사할 때 그 사람도 또 다른 누군가를 위해 좋은 정보를 남길 마음이 생기지 않을까? 이런 작은 배려가 사람과 사람 사이에 다리를 놓아 결국 우리 사회를 따뜻하게 한다고 생각한다.

전유성의 別別想像

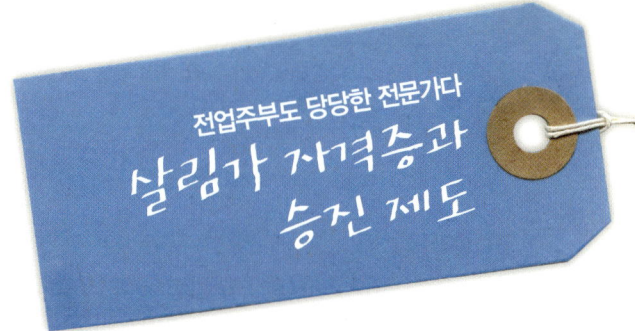

전업주부도 당당한 전문가다
살림가 자격증과 승진 제도

많은 여성이 결혼한 후 전업주부라는 직업을 갖게 된다. 하지만 전업주부라는 직업은 경력을 인정받지도 못하고, 승진도 없다. 또 전업주부에 대한 왜곡된 사회적인 인식도 문제다. 사람들은 대부분 '집에서 놀면서 아이나 키우는 여자'로 전업주부를 바라본다.

하지만 현실에서 전업주부가 발휘하는 힘은 놀라울 정도다. 남편이 편안한 마음으로 직장 생활을 할 수 있도록 내조하고 아이들을 교육하는 막중한 책임을 떠맡은 사람이 바로 그들이다. 한마디로 가정을 지키는 '용사'라고 할 수 있다. 그런데도 실질적인 능력이나 역할에 비해 지나치게 그 존재를 비하하고 있는 것이 사실이다.

전업주부에게 '살림가'라는 새로운 이름을 주고 '경력'을 인정해 '승진제도'도 마련해야 한다. 좀 더 나은 육아와 살림을 위한 온·오프라인 교육을 실시하고 때때로 시험도 봐서 승진 기회를 주었으면 한다. 살림가들이 일정한 과정을 거쳐 시험에 합격하면, 육아 시설이나 살림가로서 경력이 필요한 곳에 들어가 일할 수 있는 자격증을 줄 수도 있을 것이다. 그렇게 하면 주부들이 아이를 키우느라 10년 이상 집에만 있다가 아이들에게서 벗어날 즈음 아무 일도 할 수 없고, 딱히 받아주는 곳도 없어서 막막한 심정이 되는 일도 줄지 않을까? 최소한 그 기간 동안 아이들 교육에 관한 한 '전문가'가 되어 있을 테니까 말이다. 또 당당하게 주부들이 '나는 살림가'라고 말할 수 있게 되면 전업주부를 보는 사회의 눈도 달라질 것이다.

깔깔마녀

전 국민 장기 자랑 대회 개최 요즘 어린 친구들에게 꿈이 뭐냐고 물어보면 연예인이 되고 싶다는 친구가 정말 많다. 예전에는 과학자나 대통령, 선생님이 일순위였는데, 최근에는 연예인이 1위가 아닐까 싶을 정도로 너도 나도 연예인이 되고 싶다고 말한다.

문제는 정말로 '이상한 기획사'들의 '이상한 오디션'이 많다는 것. 직업이 연예인이고 개그맨이다 보니 이런 이야기를 심심치 않게 듣게 되는데, 어떨 때는 웃음이 나오고 어떨 때는 화가 날 정도로 어처구니없는 기획사에 당하는 경우도 있다.

그래서 생각한 건데, 아예 '전 국민 장기 자랑 대회'를 개최하면 어떨까? 물론 장기 자랑이라는 것은 방송의 영원한 아이템이고 지금도 그런 프로그램이 있지만 이걸 방송국에만 맡겨놓을 필요는 없다고 본다. 전 국민이 함께하는 축제로 승화시킬 수도 있지 않을까? 물론 정부 입장에서는 '나라 경제를 살리는 것만으로도 버거운데 그런 것까지 할 여력이 어디 있나'라고 할 수도 있다. 그러면 사실 할 말이 없다. 국민의 장기를 키우는 것보다는 경제를 살리는 것이 더 중요하기 때문이다.

그러나 다른 한편으로 생각해 보면, 좀 더 재미있고 친근한 정부가 되려고 마음먹는다면 이런 대형 프로젝트도 안 될 건 없다 싶다. 지역 예선을 거쳐 도 대표를 뽑고 최종적으로 본선을 거치면 연예인이 되고 싶어 하는 아이들에게는 자신의 끼를 검증받을 수 있는 기회가 되고, 연예기획사 입장에서는 새로운 인재를 뽑는 장으로 활용할 수 있을 것이다. 더불어 군대 갈 나이가 됐다면 문선대로 보낼 실력 있는 예비 군인도 발굴할 수 있지 않을까? 이렇게 하면 사기성이 농후한 기획사도 설 자리를 잃게 될 것이다.

박준형의
FunFun Talk

턱없이 모자란 노인 간병 인력
노년층이 주체가 된 간호 시스템

최근 우리나라는 고령화 사회가 가속화되고 있는 실정이다. 그나마 선진국은 지방자치단체를 중심으로 간호 시스템이 어느 정도 구축되어 있지만 우리나라는 고령화가 너무 급속히 진행되다 보니 복지 시스템도 제대로 갖추지 못한 상태다. 뿐만 아니라 장애가 있거나 몸이 허약한 노령 세대를 위한 간호 시스템도 갖추어져 있지 않다. 이제는 지방자치단체에서 좀 더 신속하게 그 시스템을 구축하기 위한 데이터베이스화와 함께 조직 체계를 갖추어야 한다고 생각한다.

그중 가장 현실적이면서 효과적인 방법이 노령 세대는 노령 세대가 간호하게 하는 시스템이 아닐까? 현재 젊은 사회복지사나 전문 간병인은 일이 힘든 데 비해 보수는 적어 이직률이 높고 쉽게 적응하지 못할 뿐 아니라 인력 또한 턱없이 모자란 실정이다. 그런 점을 감안해 노년층을 주체로 내세우면 어떨까?

노년층이 노년층 간호에 적극적으로 나서면 여러모로 좋은 점이 많다. 우선 자신도 언젠가는 누군가의 간호를 받아야 할 테니 처지가 비슷한 노년층을 간호하면서 좀 더 정성을 기울일 것이고 자기 부인이나 남편, 혹은 이웃 사람에게 곤란한 상황이 닥쳐도 언제든 신속하게 대처할 수 있을 것이다. 물론 그 수준이 전문 복지사에게는 미치지 못할지라도 아예 없는 것보다는 낫지 않을까? 뿐만 아니라 간호를 하면서 끊임없이 몸을 움직여야 하므로 건강에도 좋을 것이다.

pupa

입영 전 온 가족이 함께 자기 아들을 키운 대한민국 부모라면 누구나 아들의 입영통지서를 받아든, 그 가슴 철렁한 순간을 잊지 못할 것이다. 부모는 곧 자신의 곁을 떠날 아들을 조금이라도 더 곁에 두고 싶어 하지만 정작 아이는 송별회다 뭐다 해서 술자리에 불려다니느라 가족과 함께 보낼 시간이 거의 없다. 이럴 때, 아들에게 입영하기 전 며칠은 온 가족이 한방에서 같이 자자고 제의해 보는 건 어떨까? 가족이 한방에 옹기종기 모여 두런두런 이야기를 나누다 잠든 기억은 부모에게도, 군에 간 아들에게도 누고누고 따뜻한 추억으로 남을 것이다.

전유성의 別別想像

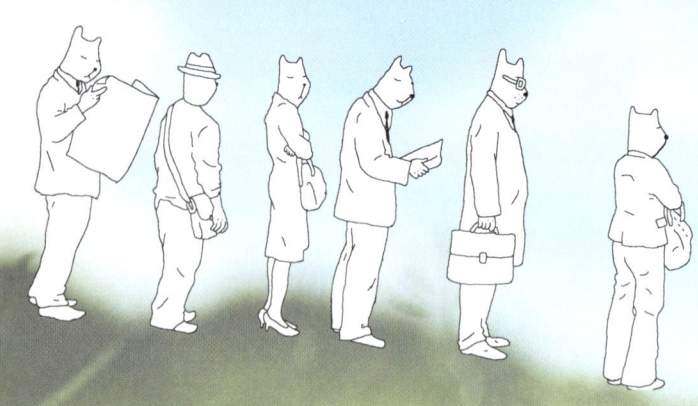

City

오감 만족, 상상 예찬
도시 만들기 프로젝트

쓰레기통이 없으면 테러도 없다? • 회색빛 도시에 재미와 활력을! • 누구에게는 껌값에 불과한 벌칙금 • 정부 사이트 주소, 좀 신선하면 안 되겠니? • 오도 가도 못하고 땀만 한 바가지 • 광역 대중교통을 보다 편리하게 이용하자 • 경차를 권장하는 정부의 반경차적 행동 • 안전사고와 불안한 마음을 없애자 • 말 많고 잡음 많은 관용차 • 물 부족 국가 탈출을 위한 제안 • 공중 화장실에서 손 씻기가 불편해요 • 국민을 위한 평생 교육 프로그램 • 대학의 다양한 프로그램, 몰라서 못 간다 • '밑져야 본전'인 이중 부과, 책임을 물어야 한다 • 주민등록증 재발급, 발급지로 가라?

쓰레기통이 없으면 테러도 없다?
지하철역 쓰레기통 새롭게 부활시키자

서울시는 물론 각 지방자치단체에서 쓰레기통을 없앤 것을 두고 전형적인 행정 편의라고 말하는 사람들이 많다. 결국에는 시민만 불편해졌다고 볼멘소리를 하기도 한다. 특히 테러 때문에 지하철역에서 쓰레기통을 없앴다고 하는데 과연 쓰레기통을 없앤다고 테러가 근절될 수 있을까? 만약 테러를 하기로 결심했다면 쓰레기통이 없다고 못할 리 없지 않은가.

  시민의 편의를 생각하고 분리수거와 환경 문제도 감안해서 예전보다 나은 디자인으로 다시 쓰레기통을 부활시켜야 한다. 만약 정말로 테러가 걱정된다면 인천국제공항이나 일본의 지하철역처럼 투명한 쓰레기통을 만들어 내용물을 확인할 수 있게 하면 될 일이다. 일본뿐 아니라 다른 어떤 나라에서도 이렇게 아예 쓰레기통을 없애버린 경우는 보지 못했다.

돌지오

회색빛 도시에 재미와 활력을!
보도블록 놀이판

문득 아주 작은 변화가 생활에 적지 않은 재미와 활력을 준다는 사실을 깨닫곤 한다. 우리가 늘 걸어 다니는 보도블록. 일부 지방자치단체에서는 보도블록에 여러 가지 문양을 넣어 다채로운 변화를 주기도 한다. 천편일률적인 회색빛 도시를 좀 더 편안한 분위기로 바꾸는 데 일조하는 일이다. 여기서 한 걸음 더 나아가 보도블록에 어릴 때 즐기던 추억의 놀이를 문양으로 넣으면 어떨까? 오자미 놀이, 오징어 놀이, 구슬치기, 오목이나 장기를 둘 수 있는 놀이판을 그려 놓는 것이다. 길거리에서 노는 것에 익숙한 아이들은 무척 재미있어 할 것이고, 어른들도 어린 시절 추억을 떠올리며 길을 가다가 쉬엄쉬엄 해보는 재미를 느낄 수 있을 것이다. 점심시간에 직장인들이 밥을 먹은 후 산책을 하다가 한두 번 해보면서 소리 내어 웃는다면 소화에도 도움이 되지 않을까?

  지나가는 사람들을 방해하지 않도록 보도블록 중간보다는 한쪽 구석에 그려놓으면 된다. 이런 시도가 생활에 편리를 더하거나 효율

성을 높이지는 못하겠지만 딱딱한 도시를 좀 더 재미있고 활력 있게 만들 수는 있을 것이다.

 물론 어린이들이 즐길 수 있는 놀이로 국한할 필요는 없다. 한국의 전통 문양을 넣을 수도 있고, 해당 구나 시를 상징하는 꽃 혹은 기타 상징물로 장식해도 좋다. 아무 생각 없이 걷는 길이라고 회색빛 보도블록으로 방치하지 말고 이렇게 작은 아이디어로 좀 더 다채로운 길거리를 만들었으면 한다.

깔깔마녀

박준형의 FunFun Talk

전 국민 취미 대회 요즘은 사람들의 취미가 매우 다양해졌다. 내가 어릴 때만 해도 '취미'라고 하면 독서나 영화 감상, 음악 감상이 거의 전부였다. 즐길 거리도 많지 않아 영화 보기와 술 마시기가 데이트 코스의 공식(?)이었다.

하지만 최근에는 각자의 관심사가 마니아 수준으로 발전하면서 말 그대로 기상천외한 취미를 즐기는 사람도 많다. 온갖 진귀한 동물을 키우는 사람이 있는가 하면, '대체 저런 걸 왜 할까' 싶을 정도로 이해할 수 없는 것을 즐기는 사람도 있다. 개성이 이렇듯 제각각인 것은 그만큼 사회가 다양해졌다는 점에서 즐거운 일이다.

이참에 자신의 취미를 더욱 발전시키고 서로의 취미에 대한 안목을 기를 수 있도록 '전 국민 취미 대회'를 개최하는 것도 괜찮을 것 같다. 꼭 올림픽, 전국체전 같은 운동 경기만 전국 대회가 있으라는 법 있나? 전 국민 취미 대회에는 십자수 종목도 있고 꽃꽂이 종목도 있고 바둑 종목도 있다. 취미로 즐기는 건 뭐든 종목으로 만들 수 있다. 모든 취미에 종목이 될 가능성을 열어두고 참가자가 많고 관심도가 높은 분야를 최종적인 '대회 종목'으로 정하면 된다.

물론 이 대회는 순수한 아마추어들의 장이다. 프로 선수들은 심사할 수는 있지만 참여할 수는 없다. 친구와 함께 장기나 바둑을 두는 것도 좋고 집에서 십자수 작품을 만들어 아는 사람에게 선물하는 것도 나름 의미가 있다. 하지만 목표를 정하고 하면 좀 더 열심히 할 수 있지 않을까?

'난 4년 뒤 열리는 전 국민 취미 대회 십자수 부문 금메달이 목표야.'

'내가 작년에 전 국민 취미 대회 오목 부문에서 아깝게 은메달을 땄잖아. 이번에는 당연히 금메달이지!'

이렇게 생각하면 자신의 취미를 더욱 발전시킬 수 있을 것이다. 우리 민족이 원래 잘 노는 민족이라고 하는데, 바쁜 생활에 쫓겨 너무 앞만 보고 달려온 것 같아 취미와 놀이 문화를 발전시켜 보자는 것이다.

누구에게는 껌값에 불과한 범칙금
일수 벌금제

살다 보면 어쩔 수 없이 법을 위반할 때도 있고 때론 범칙금을 낼 때도 있다. 그런데 그 범칙금의 액수가 부자나 가난한 사람이나 동일하다면 과연 그것은 공평한 일일까?

세계적인 휴대폰업체, 핀란드의 노키아 회장이 범칙금을 낸 것이 화제가 된 적이 있다. 하지만 정작 사람들의 이목을 끈 것은 대기업 회장이 범칙금을 냈기 때문이 아니라 '대기업 회장이기 때문에' 엄청난 금액을 범칙금으로 냈다는 사실이다. 핀란드에는 법을 위반한 사람의 재산 상태를 고려해 벌금액을 다르게 부과하는 일수日數 벌금제(Daily Fines System)라는 제도가 있는데 그 때문에 노키아 회장은 고액의 범칙금을 내야 했다. 부자이기 때문에 범칙금 액수도 그만큼 커지는 것이다. 이런 차등 범칙금 제도는 나름 합리적인 면이 있다.

우리나라는 1톤 트럭에 야채나 과일을 싣고 다니며 힘겹게 장사하는 서민에게도, 수천억대의 매출을 올리는 재벌 회장에게도 똑같은 범칙금을 부과한다. 같은 잘못을 저질렀으니 같은 액수의 범칙금을 내는 것이 일견 타당해 보이기는 하지만 사실 부자에게 그 정도 범칙금은 시쳇말로 '껌값'에 불과하다. 그저 '돈 몇 푼으로 때우면' 되는 것이다. 그러니 법을 존중하는 마음도 당연히 '껌값'일 것이다. 돈이 많은 사람에게 몇 만 원은 사실 돈도 아니기 때문이다. 자신의 월수입에 비례해 범칙금을 내게 한다면 법의 형평성을 잃지 않으면서 법을 존중하는 풍조도 더욱 확산될 것이다.

범칙금을 내는 것은 그저 세금을 걷기 위한 방편이 아니라 그것을 통해 벌을 주자는 것이다. 그 벌이 법을 어긴 사람에게 아무런 영향도 주지 않는다면 의미가 없다. 부자나 권력이 있는 사람에게는 그만큼 사회적인 책임이 따른다. 그리고 이 책임은 범칙금에도 동일하게 적용되어야 하지 않을까 생각한다.

김종민

이날만큼은 시원하게 예고한다, 음주 운전 단속 예고제 제일 나쁜 운전 버릇이 바로 음주 운전이다. 평범한 사람도 한순간에 살인마로 만들어버릴 수 있는 음주 운전을 예방하기 위해 철저한 단속을 벌이고 있으며, 적지 않은 효과가 있는 걸로 알고 있다. 문제는 이렇게 단속해도 여전히 음주 운전은 사라지지 않고 또 끊임없는 사망 사고를 만들어낸다는 사실이다.

음주 운전 단속을 하는 행태에 다소 불만이 있다. 물론 음주 운전을 하는 사람에게 근본적인 문제가 있지만 '몰래 숨어 있다가 나타나는' 방식은 왠지 떳떳하지 않은 느낌을 준다. 하지만 그렇게 할 수밖에 없는 경찰 입장도 십분 이해가 된다. 언제 단속하는지 안다면 단속하는 게 무슨 의미가 있겠는가. 사실 따지고 보면 운전자들이 불만을 토로할 일이 아님에도 '숨어 있다가 나타난다'는 그 사실 하나만으로 불만을 사는 것이다.

아예 생각을 180도 바꿔서 '음주 운전 단속 사전 예고제'를 실시하는 건 어떨까? 대놓고 방송에서도 '9월 22일에는 음주 운전 단속합니다. 거의 100퍼센트 걸리니까 알아서 조심하세요'라고 떠들고 경찰청에서는 포스터를 만들어 붙이고 시청에서는 현수막을 내건다. 그렇게 하면 숨어서 단속할 일도 없고 음주 운전하면서 '설마 안 걸리겠지' 불안 초조해할 일도, '안 걸리는 길이 다 있지' 하며 꼼수를 부릴 필요도 없다. 그런데 그렇게 뻔한 단속을 왜 하냐고? 일단 그날만큼은 100퍼센드 걸린다고 하니까 아무도 음주 운전을 하지 않을 것 아닌가. 더불어 '오늘 걸리면 진짜 바보 된다'는 인식이 확산되면서 거국적으로 음주 운전에 대해 다시 한번 생각해 보는 계기가 될 수 있다. 음주 운전 사전 예고제는 꼭 음주 운전자를 잡겠다는 의도보다는 '제발 그날 하루만큼은 음주 운전을 하지 말고, 평소에도 그런 습관을 들이자'는 의미가 크다.

박준형의 FunFun Talk

정부 사이트 주소, 좀 신선하면 안 되겠니?
보다 쉽고 대중적인 것으로!

현재 대한민국 정부의 인터넷 사이트 주소는 의미 없는 영문 이니셜 조합으로 되어 있다. 예를 들어 재정경제부는 www.mofe.go.kr이다. mofe, 무슨 뜻인지 알기 힘들고 친근감도 느껴지지 않는다. 환경부도 마찬가지다. www.me.go.kr. ministry of environment를 me로 줄인 것인데 그 의미가 선뜻 와 닿지 않는다. www.green.go.kr로 하면 얼마나 예쁘고 산뜻하면서 의미 전달도 잘되는가. 각 부처의 특성이나 주요 업무를 집약한 단어로 신선한 사이트 주소를 만드는 것, 관료주의에 젖어 있는 공직 사회를 개혁하는 첫걸음이 될 것이다.

물론 포털 사이트에 들어가서 해당 기관의 이름을 치면 금세 원하는 곳으로 들어갈 수 있고 즐겨찾기를 해놓는다면 사이트 주소 정도는 별다른 의미가 없을지도 모른다. 하지만 해당 사이트의 주소는 그 기관을 대표하는 얼굴이라고 할 수 있다. 그리고 이 주소는 우리나라는 물론이고 때로 해외의 홍보물 등에도 자주 실릴 텐데, 지금보다 의미 있는 주소로 신선하게 바꾸면 보는 사람도 확실히 인식할 수 있고 우리를 보는 외국인의 눈도 달라질 것이다.

정부 부처의 공무원 이메일 주소도 각기 일하는 곳에 따라 다른데, 이를 바꿔 대한민국 공무원은 모두 korea.go.kr로 통일하면 공무원에게 이메일을 보내기도 한결 쉬워질 것이다. 정부 부처의 사이트 주소와 공무원의 이메일 주소를 쉽고 대중적인 것으로 바꿨으면 한다.

🚶 도보사랑

정감 있는 다리 이름

한강에는 수많은 다리가 있다. 한강대교, 천호대교, 양화대교, 한남대교, 마포대교, 행주대교, 영동대교, 잠실대교, 성수대교……. 거의 모두 네 글자로 그중 뒤의 두 글자는 어김없이 '대교'인데, 어찌 들으면 딱딱하고 정감 없는 이름이기도 하다.

그래서 다리의 이름을 다르게 바꿔보면 어떨까 생각해 봤다. 역사 속 인물의 이름으로 다리 이름을 지어보는 것이다. 이순신교, 장보고교, 유관순교……. 그리고 다리에 현판과 함께 해당 인물에 대한 짧은 설명을 덧붙이면 좋지 않을까? 꼭 역사적인 위인이 아니더라도 좋다. 예를 들어 코미디언 고 서영춘 씨가 자주 지나다닌 다리를 '서영춘교'라고 이름 짓는다면 어떨까? 별이 가장 잘 보이는 한강 다리라면 '별 보는 다리', 한강 수심이 가장 깊은 곳에 있는 다리라면 '물 깊은 다리', 이렇게 이름을 붙일 수도 있지 않을까?

이미 널리 알려져 한순간에 바꾸기는 쉽지 않겠지만 그래도 한번 시도해 보면 역사에 길이 남을 뿐 아니라 우리가 존경하는 인물의 이름도 드높일 수 있을 것이다. 현재의 이름을 바꿀 수 없다면 앞으로 놓을 다리나 건물에 이런 이름을 붙이는 것도 좋을 것이다. 이순신 빌딩, 유관순 빌딩, 연소개소문 빌딩처럼 말이다. 외국인에게도 우리 민족의 자부심을 보여줄 수 있을 것이다.

전유성의 別別想像

홍콩의 명물 행인천교를 예찬하다

홍콩의 최고 명물은 천상보도(Foot Bridge)가 아닐까? 한자로는 '행인천교 行人天橋'라고 쓴다. 행인이 다니는 하늘 다리라는 뜻이다. 홍콩 사람들은 땅을 밟지 않고도 살 수 있다. 거의 모든 건물에 이 천상보도를 설치하고 이를 연결해 건물에서 건물로, 도로에서 도로로 걸어 다닐 수 있기 때문이다. 특히 천상보도는 몬순기후 지역인 홍콩에서 갑자기 비가 쏟아져도 행인이 비를 맞지 않도록 설계되어 있다.

천상보도를 걸어본 사람들은 한결같이 널찍하고 깨끗해 이용하기 편하다고 말한다. 우리나라의 육교처럼 좁거나 가파르지 않고 위험해 보이지도 않는다. 더불어 천상보도의 최대 장점은 교통신호나 자동차를 의식하지 않아도 된다는 것이다. 위험할 일이 전혀 없고 비가 오나 눈이 오나 언제든 쾌적한 길을 다닐 수 있다는 것도 큰 장점이다. 이 천상보도가 홍콩의 도시 곳곳을 향해 마치 혈관처럼 뻗어 있다는 사실에 경탄을 금할 수 없었다.

홍콩의 천상보도는 대체로 단순하면서 기능적인 측면을 강조해 디자인했다. 그러나 일부 천상보도와 육교는 디자인이 아주 예뻐 눈에 띄기도 한다. 사진 속 도로 위에 설치한 육교는 마치 차도의 교차로처럼 사람들이 동서남북 어디로든 통행할 수 있을 뿐 아니라 디자인적 요소를 최대한 살려 유려하게 설계했다.

올림픽 경기를 주제로 꾸민 육교도 있다. 올림픽이 열린 도시나 올림픽을 위한 슬로건과 구호, 캠페인을 곳곳에 그려놓았다. 다가오는 베이징 올림픽을 얼마나 중요하게 생각하는지 엿볼 수 있는 부분이다.

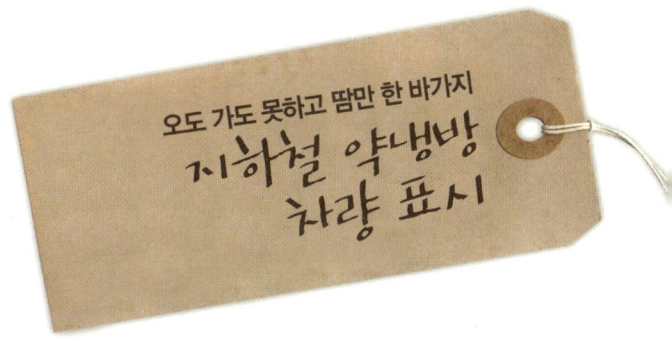

오도 가도 못하고 땀만 한 바가지
지하철 약냉방 차량 표시

해마다 여름이면 무더위 때문에 고생이 이만저만이 아니다. 그나마 집 안에 가만히 있을 때는 견딜 만하지만 이리저리 시내를 돌아다니다 보면 더위에 지치게 마련이다. 그럴 때 지하철을 타면 시원한 에어컨 바람이 더위를 식혀주는데, 문제는 그중에 약냉방 차량이 있다는 것이다. 물론 에어컨 바람을 싫어하는 사람을 위한 배려일 테지만 반대로 좀 더 시원하게 지하철을 이용하고 싶은 사람도 있다. 하지만 지하철을 기다릴 때는 도대체 어디가 약냉방 차량이고 어디가 강냉방 차량인지 알 수 없다. 지하철 승객이 얼마 없을 때는 다른 차량으로 옮기면 되지만, 사람이 많은 경우에는 오도 가도 못하고 땀을 한 바가지 흘리게 된다. 미리 약냉방 차량의 위치를 알 수 있다면 이런 수고를 덜 수 있지 않을까? 승강장 바닥에 약냉방 차량 위치를 표시하는 것이다. 그러면 미리 자리를 잡을 수 있으니 한결 편안하게 지하철을 이용할 수 있을 듯싶다.

미친곰

광역 대중교통을 보다 편리하게 이용하자
'빈 자리 없음' 표시등

  대중교통 시스템이 체계적으로 정비되고 편리해져서 대중교통을 자주 이용하는 편이다. 특히 광역 대중교통이 점차 발달하고 신도시에 거주하는 사람이 폭발적으로 증가해 앞으로도 이를 이용하는 사람은 더욱 늘어날 것으로 보인다. 다만 한 시간에서 많게는 두 시간씩 버스를 타야 하는 입장에서 자리가 없으면 여간 곤란한 게 아니다. 특히 노약자는 한 시간 이상 서 있으면 일상생활에 불편이 따를 정도로 몸에 무리를 느끼게 된다. 지하철이나 서울 도심을 운행하는 대중교통에서는 사람들이 선뜻 자리를 양보해 주지만 이렇게 오랜 시간 타고 갈 때는 그렇게 하기도 쉽지 않다.

  그래서 사람들은 버스를 타기 전에 기사에게 자리가 있는지 물어보기도 한다. 일단 버스에 탔다가 둘러본 뒤 빈 자리가 없으면 그냥 내려버리는 승객도 있다. 결국 그러는 동안 출발 시간이 지연되고 이미 버스 안에 타고 있던 승객들은 쓸데없이 시간을 낭비하게 된다.

  이런 불편을 해소하기 위해 버스 외부에 쉽게 볼 수 있는 '빈 자리

없음' 표시등을 달면 어떨까? 사람들은 버스가 멀리서 오는 것만 봐도 탈지 말지 결정할 수 있고, 기사 역시 일일이 사람들의 질문에 대답하지 않아도 되니 편리할 것이다. 그리고 번거롭게 버스에 올랐다가 자리가 있는지 둘러본 뒤 다시 내리는 승객도 없을 것이다. 짧은 시간에 지나지 않을지도 모르지만, 그 짧은 시간을 아끼면 정류장의 혼잡도 다소 줄일 수 있지 않을까?

정일찬

다양한 자동차 경적 소리 길거리를 가다 가끔씩 깜짝깜짝 놀라게 되는데, 바로 자동차 경적 소리 때문이다. 신경질적으로 눌러대는 경적 소리는 놀람을 넘어서 짜증을 유발하기도 한다. 특히 자동차 경적 소리는 경고의 의미로 쓰이는 소리다 보니 신경질적으로 들릴 수 있다. 그래서 자동차 경적 소리를 좀 다양하고 재미있게 만들어보면 어떨까 생각해 봤다. '삐약삐약' 하고 울린다든지 '왈왈' 하는 강아지 소리도 괜찮을 것 같다. '뿌웅~' 하는 뱃고동 소리, '칙칙폭폭 빽~' 하는 기차 기적 소리도 이채롭다. 또 사람의 목소리로 '죄송합니다. 비켜주세요' 해도 좋지 않을까? 이렇게 하면 깜짝 놀라거나 신경질적인 짜증을 유발하기보다는 오히려 웃음을 줄 수도 있을 것이다.

사실 도시의 소음은 어제오늘의 문제가 아니다. 자동차 달리는 소리, 공사장에서 나는 소리, 길거리에서 사람들이 외치는 소리 등이 쾌적한 생활을 방해한다. 다른 건 어쩔 수 없다고 하더라도 최소한 자동차 경적 소리만이라도 즐겁고 유쾌한 소리로 바꾸면 한결 도시의 소음이 줄어들지 않을까?

전유성의 別別想像

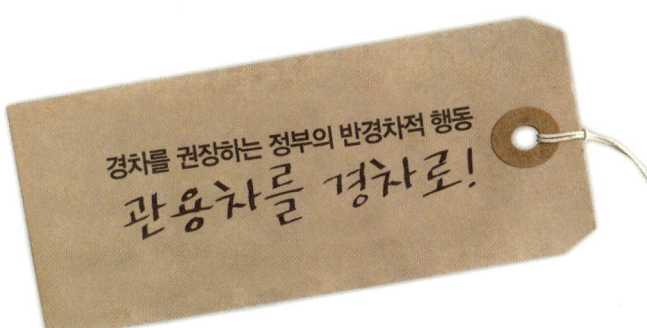

에너지난은 아무리 강조해도 지나치지 않다. 특히 석유 한 방울 나지 않는 우리나라에서 자동차로 인한 석유 소비가 상당한 실정이다. 그래서 정부에서도 경차 이용을 적극 권장하고 다양한 혜택을 주고 있다. 문제는 오히려 정부 스스로 '반反경차적' 행동을 하고 있다는 것. 가장 대표적인 것이 바로 관용차다.

현재 우리나라에는 약 3,000대의 관용차가 운용되고 있는데, 대부분 일반 차량보다 훨씬 비싼 대형 고급차다. 특히 에쿠스 같은 비싼 차량을 렌트하거나 구입해서 관용차로 쓰는 것은 문제가 있다. 유지비와 주유비도 일반 차량에 비해 훨씬 비싼 것으로 알고 있는데, 국민의 피땀 어린 세금으로 그런 차를 탄다는 것은 말이 안 된다.

공무원은 정년이 보장되는, 일반 직장보다 훨씬 안정적인 직업이다. 국민을 위해 봉사하고 국민의 행복 지수를 높여달라고 그런 특별한 혜택을 주는 것이다. 그런데 국민을 위해 세금을 아끼고 봉사하겠다는 마음을 뒤로하고 좀 더 크고 좋은 차를 타고 다니며 호화로운 생활을 한다면 이는 앞뒤가 맞지 않는 처사라고 할 수 있다.

이제 정부가 앞장서서 관용차를 경차로 바꾸어야 한다. 국민의 피땀 어린 세금을 아끼기 위해서라도, 국가적으로 에너지난을 대비하기 위해서라도, 그리고 환경 파괴를 막기 위해서라도 하루빨리 관용차를 경차로 바꿔야 할 것이다. 그렇게 하면 국민과 고위 공직자 간의 위화감을 해소하는 데도 큰 도움이 될 것이다.

👉 민중 속으로

정부에서는 2008년까지 업무용 승용차의 경우 20퍼센트까지 경차로 바꾸겠다고 발표했습니다. 또 여당에서는 전용 승용차 규모를 축소하기로 했으며 전용 승용차를 이용할 수 있는 차관급의 범위를 줄이겠다고 공언했습니다.

안전사고와 불안한 마음을 없애자
버스 하차 시의 슬로 타임

버스를 자주 이용하는데, 내릴 때마다 마음이 불안해진다. 정류장에 도착하기 전에 미리 문 앞에 서 있어야 한다는 중압감 때문이다. 정류장에 버스가 멈춰 서서 문이 열리고 사람들이 내리고 다시 문이 닫히기까지 20초가 채 소요되지 않는다. 말 그대로 '초스피드'로 사람들이 내리고 탄다는 말이다. 젊은 사람도 긴장해서 몸이 굳는데 하물며 어르신이나 아이를 데리고 탑승한 엄마는 어떨까. 부드럽게 버스를 모는 운전기사라면 별 문제 없겠지만, 아무리 능수능란한 기사라도 운전을 하다 보면 예기치 않은 변수에 맞닥뜨리게 마련이다. 느닷없이 차량이 끼어든다든지 앞차가 급정거를 하면 어쩔 수 없이 운전이 거칠어질 수밖에 없다. 물론 요즘은 버스 기사들도 무척 친절하고 버스 안에 '천천히 내려도 됩니다'라는 홍보물도 붙어 있다. 하지만 오랜 습관에 젖은 탓인지 마음속 불안감이 쉽게 지워지지 않는다.

얼마 전 일본을 방문했을 때 버스를 타보고 우리나라와는 전혀 다

른 분위기에 자못 놀랐다. 일본에서는 버스가 정류장에 멈춰 서면 그때부터 승객들이 자리에서 일어나 내릴 준비를 한다. 그러니까 움직이는 버스 안에서 위험하게 내릴 준비를 할 필요가 없다는 말이다. 버스가 멈춰 선 다음 움직이는 데 10초 정도밖에 걸리지 않을 뿐더러 승객들에게서도 여유가 느껴졌다. 안전사고를 줄이고 승객들의 정서에도 도움이 되는 버스 하차 시의 '슬로 타임Slow Time', 반드시 필요하다고 본다. 더불어 이를 버스 안에 큼지막하게 써 붙여 홍보하면 오랜 습관에 물든 사람들의 인식을 바꾸는 데도 도움이 될 것이다.

 그네

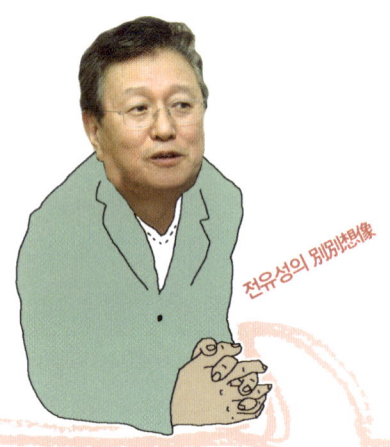
전유성의 뭬뭬뱃상像

환자가 타고 있습니다

차를 타고 가다 보면 종종 요란한 사이렌을 울리며 달려가는 앰뷸런스를 만나게 된다. 도로에서 앰뷸런스를 만나면 우선 길을 비켜주는 것이 상식이지만 상식을 지키지 않는 차도 일부 눈에 띈다. 길을 비켜주는 사람들도 때로는 의심의 눈초리를 보낸다.

'사이렌을 울리니까 비켜주긴 비켜주는데, 정말로 저 안에 응급 환자가 타고 있는 것일까?'

이런 의심을 불식시키는 한편 길을 비켜주는 사람들에게 고마운 마음을 표현할 필요가 있다. 앰뷸런스의 현재 상황을 정확히 알려주는 것이다. 앰뷸런스 앞이나 뒤에 전광판을 설치해 '지금 서초동에 응급 환자를 데리러 가는 중입니다. 길을 비켜주셔서 감사합니다' 혹은 '현재 응급 환자가 타고 있습니다. 신촌 세브란스병원으로 급히 후송 중입니다'라고 알릴 수도 있다. 이렇게 하면 사람들도 의심의 눈초리를 거둬들이고 '환자가 많이 다치지 않았어야 할 텐데' 하며 걱정해 줄 것이다.

막무가내로 길을 비켜달라고 하고, 한편에서는 의심하며 길을 비켜주지 않는, 그리고 길을 비켜주면서도 찜찜해하는 일은 없었으면 좋겠다. 기술적으로도 크게 어려울 건 없다고 본다. 전광판 다는 것이야 쉬운 일이고, 상황을 알리는 문구는 앰뷸런스 안에서 환자를 돌보지 않는 사람이 하면 된다.

말 많고 잡음 많은 관용차
관용 택시로 해결하자

건설교통부 통계에 따르면 우리나라 자동차(총 1,579만 대) 가운데 관용차는 총 5만 8,951대다(2006년 9월 통계). 문제는 관용차를 둘러싼 잡음이 끊이지 않고 계속되고 있다는 것이다. 현재 모호한 관련 규정 때문에 두 대의 최고급 승용차를 타고 다니는 공직자가 있는가 하면, 차량 배기량 기준이 지난 2003년 자율화된 이후 초대형 배기량(3,500cc) 차량으로 바꾸는 사례까지 늘고 있다. 시민 입장에서 본다면 참으로 어처구니없는 일이 아닐 수 없다.

 관용차는 엄연히 국민의 혈세로 운영되는 만큼 이를 개인의 신분 과시 수단으로 이용한다면 국가 재산을 불법 전용하는 것이나 마찬가지다. 비록 세금을 포탈하거나 뇌물을 받은 것은 아니라 해도 그에 해당하는 중대한 범죄가 아닐 수 없다. 국민을 위해 일해야 하는 공무원이 국민 위에 군림하는 국가에서 국민은 결코 행복한 삶을 영위할 수 없다. 그런 의미에서 '관용(업무용) 택시'를 도입할 것을 제안한다. 행정기관이나 기업체 등에서 업무용으로 쓸 교통수단이 필요한 경우 콜택시업체와 사전 계약을 통해 운영하는 방식을 말한다.

　이 새로운 제도를 도입하면 관용차에 들어가는 막대한 유지비를 절약하는 것은 물론 관용차를 업무 외의 사적인 용도로 사용하는 것도 막을 수 있다. 물론 이에 대한 감사도 정기적으로 실시해야 한다. 철저하게 국민 입장에서 생각하며 관용차 제도를 재정비해야 한다. 이미 대전시 등에서는 택시 문제 해소 방안으로 이 제도를 검토하고 있다. 이렇게 하면 국민의 혈세를 낭비하는 일도 없고 택시 수요도 창출할 수 있을 것이다.

금홍섭

전시회 관람 시간에 대한 한말씀 행정자치부의 겨울철 근무시간 연장 방침에 반대해 점심시간 민원 처리를 거부하는 지방자치단체가 있다고 하는데, 이유야 어찌됐건 피해를 보는 건 일반 직장인이다. 은행이 토요일에 문을 닫으면서 직장인은 은행일 보기도 힘들어졌다.

다양한 전시회가 열리는 인사동에서도 저녁 6시면 대부분의 전시장이 문을 닫는다. 사람들이 일하는 평일 낮 시간 전시장은 거의 텅 비어 있다. 전시회를 연 화가 혼자 지루한 얼굴로 전시장을 지키고 있다가, 사람들이 퇴근해서 거리로 나오기 시작할 무렵 문을 닫는다.

이럴 바에야 차라리 전시장 개장 시간을 오후 4시부터 8시까지로 조정하는 건 어떨까? 그럼 직장인도 평일 저녁에 느긋하게 전시회를 감상할 수 있고, 전시회 주최측도 더 많은 사람이 보러 올 테니 좋지 않을까?

연극이나 뮤지컬 공연도 보통 저녁 7시에 시작하는데 9시로 늦추는 건 어떨까? 퇴근하자마자 급하게 공연장으로 달려가는 것보다 퇴근해서 여유 있게 저녁을 먹고 감상하는 공연이 감동도 더하지 않을까? 열심히 일하는 사람들이 여유롭게 문화생활을 즐길 수 있는 사회가 되었으면 한다.

전유성의 別別想像

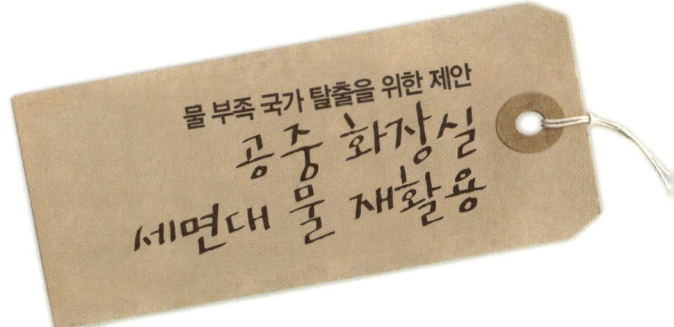

물 부족 국가 탈출을 위한 제안
공중 화장실 세면대 물 재활용

   고속도로 휴게소, 기차역, 버스터미널, 공원 등의 공중 화장실에 들러 세면대에서 손을 씻고 물을 버릴 때면 아깝다는 생각이 든다. 이 물을 하수구로 바로 보낼 게 아니라 잠시 저장했다가 좌변기에서 한 번 더 사용하면 좋지 않을까?
   가정에서는 세면대에서 사용한 물을 모아두었다가 걸레를 빨거나 욕실 청소를 할 때 사용하면 되지만, 공중 화장실에서는 하나의 관을 이용해 자동으로 모이게 해서 재활용할 수 있을 것이다. 물 부족 국가인 우리나라에서 물 낭비도 줄이고, 환경도 살릴 수 있지 않을까 하는 생각에 제안해 본다.

굿미소

공중 화장실에서 손 씻기가 불편해요
세면대 옆에 가방걸이를!

여자라면 대부분 공중 화장실에서 볼일을 보고 세면대에서 손을 씻을 때 불편함을 느꼈을 것이다. 바로 가방 때문이다. 세면대 옆에 놓자니 물이 흥건히 고여 있어서 가방이 젖을까 봐 그럴 수 없다. 그래서 핸드백일 때는 한 손으로 들고, 한 손씩 번갈아가며 씻는다. 숄더백을 멨을 때도 불편하긴 마찬가지다. 손을 씻으려고 몸을 굽히면 가방이 앞으로 쏠려서 제대로 씻기 힘들다. 팔에 걸고 씻으려 해도 불편해서 대충 씻는 수밖에 없다.

그런 불편함을 덜기 위해 세면대 옆에 가방걸이를 설치하면 어떨까? 아니면 세면대 앞이나 옆, 또는 아래에 가방을 올려둘 수 있는 선반을 만드는 것이다. 가끔 공중 화장실에서 이런 시설을 보긴 했지만 매우 드물다. 가방을 홀가분하게 내려놓고 깨끗하게 두 손을 씻을 수 있었으면 좋겠다.

정선영

국민을 위한 평생 교육 프로그램
학습 계좌제

공부는 학창 시절뿐 아니라 평생에 걸쳐 해야 한다는 사실에는 누구나 동의할 것이다. 하지만 아직 우리나라는 이런 평생 교육 제도가 제대로 자리 잡지 못했다. 공익 차원에서는 좀 더 척박하다고 말할 수 있다. 특히 직업 훈련의 경우 실업자가 많은 우리나라에서는 공익 차원에서라도 반드시 활성화되어야 한다. 개인의 취업 문제는 온전히 한 개인의 문제만은 아니기 때문이다. 훌륭한 인재는 곧 국가의 경쟁력이라는 점을 염두에 두고 국가는 먼 미래를 내다보는 마음으로 이에 대한 대책을 세워야 한다.

개인의 직업 훈련을 위해 국가나 시민단체에서 학습을 위한 일정 금액(포인트)을 적립해 준 후 관련 직업 훈련이나 교양 교육 프로그램을 그 포인트만큼 이수할 수 있게 하는 방법을 생각해 봤다. 물론 당연히 현금화할 수는 없고 교육기관에 등록할 때만 이를 사용할 수 있다. 뿐만 아니라 개인이 모은 학습 포인트를 어려운 처지에 놓인 주변 사람들, 예를 들면 장기 청년 실업자, 예비 창업자, 자활을 준비하는 장애인 등에게 대부할 수 있도록 하면 더욱 좋을 것이다. 더불어 각종 경제 단체와 취업 사이트 등이 함께한다면 보다 다채로운 교육 프로그램이 마련되지 않을까?

현재 미국과 영국에서는 이 프로그램을 운용하고 있다. 미국은 실업자를 중심으로 하는데, 특히 여성이나 저학력 노동자 등 직장을 구하거나 이직하기 힘든 사람에게 집중하고 있으며 영국에서는 직장인이든 실업자든 폭넓게 활용할 수 있도록 모든 이에게 정액제로 나누어주고 있다. 선진국인 탓도 있겠지만 자국 국민의 교육에 대해 고민하고 철저하게 배려하는 모습이 부러울 따름이다.

박문수

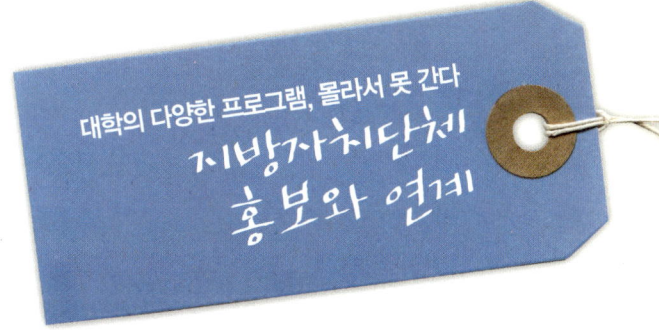

대학의 다양한 프로그램, 몰라서 못 간다
지방자치단체 홍보와 연계

대학에서는 대부분 매주 다양한 열린 강좌, 열린 문화 공연이 열린다. 물론 무료인 경우도 있고 각 대학별로 사회교육원, 평생교육원을 개설해 지역 주민을 대상으로 유료 프로그램을 진행하기도 한다. 하지만 이런 강좌나 공연은 의외로 지역 주민의 참여율이 높지 않다. 상당수 프로그램이 무료임에도 왜 사람들이 관심을 보이지 않은 것일까? 효과적인 홍보가 받쳐주지 못했기 때문이다.

이런 교육 프로그램을 지역 주민이 쉽게 확인할 수 있도록 지방자치단체 홈페이지나 매주 혹은 매달 나오는 소식지에 소개하면 어떨까? 그러면 양적으로만 비대해진 지방자치단체의 프로그램을 보완할 수 있고 지역 주민에게는 이것저것 다양한 내용을 선택할 수 있는 기회를 줄 수 있다. 대학 측에서는 지역 주민과 함께한다는 홍보도 가능할 것이다.

매일 아침 배달되는 신문에는 물건을 싸게 판다는 상업광고만 그득하다. 그래서 때로는 아예 광고지를 통째로 빼서 버리기도 한다.

이런 천편일률적인 상업광고 속에 대학의 무료 강좌 전단지가 끼어 있다면 신선하게 다가오지 않을까? 또 결과적으로 이런 윈윈 전략은 해당 지역을 더욱 살기 좋고 풍요로운 곳으로 만들어줄 것이다.

   대학은 '지성의 상아탑'이다. 여기서 한 걸음 더 나아가 그 학교에 다니는 학생들의 지성만 키워줄 것이 아니라 지역 주민과 함께 성장해 가는 지성의 상아탑으로 자리매김했으면 좋겠다. 결국 우리 사회는 이런 지식 오피니언 리더들이 대중의 의식 수준을 끌어올릴 수밖에 없기 때문이다.

박문수

'밑져야 본전'인 이중 부과, 책임을 물어야 한다
사죄비 지급

집에서 케이블 TV를 보고 있는데, 최근 두 달 동안 수신료가 이중으로 부과되었다. 만약 영수증을 보관하지 않았더라면 중복해서 요금을 냈을지도 모른다. 이것저것 각종 공과금이 많은 상황에서 자칫 이렇게 이중으로 요금을 부담하는 일은 얼마든지 일어날 수 있다. 아닌 게 아니라, 실제로 한전에서 이중 부과한 전기료가 2005년에만 무려 136억 원이나 된다고 한다.

하지만 상황이 이렇다 해도 소비자 측에서는 마땅히 대처할 방법이 없는 실정이다. 그저 항의 전화를 하고 재발 방지를 약속받는 일 말고는 말이다. 딱히 소비자 측에서 뭔가 제동을 걸 수 있는 장치도 없고 다음에 또 그런 일이 발생한다고 해도 강력하게 대응할 수 있는 수단 또한 없다.

더욱 큰 문제는 이런 부당한 일이 케이블 TV에서만 발생하는 것이 아니라는 점이다. 전기, 가스 등을 비롯해 각종 세금 고지에서도 마찬가지로 일어나고 있다. 하지만 사업자, 공기업, 정부에서는 이

중 부과에 대해 무관심할 뿐이다. 왜냐하면 그들에게 이중 부과는 밑져야 본전인 장사이기 때문이다. 물론 일부러 돈을 벌기 위해 그렇게 하지는 않겠지만, 궁극적으로 따져보면 그런 혐의에서 완전히 벗어날 수도 없다.

　따라서 이렇게 이중 부과를 했을 때는 국민에게 소정의 사죄비를 지급해야 마땅하다고 생각한다. 이중 부과에 따른 정신적 스트레스, 국민의 시간을 빼앗은 것에 대한 손해배상, 그리고 기관의 신뢰를 잃은 것에 대한 보상 등 해당 기관에서 배상해야 할 책임은 얼마든지 있기 때문이다. 물론 이렇게 배상하게 하면 해당 기관에서는 이중 부과 가능성에 대해 보다 철저히 관리하고 재발 방지를 위해 많은 노력을 기울일 것이다.

driller

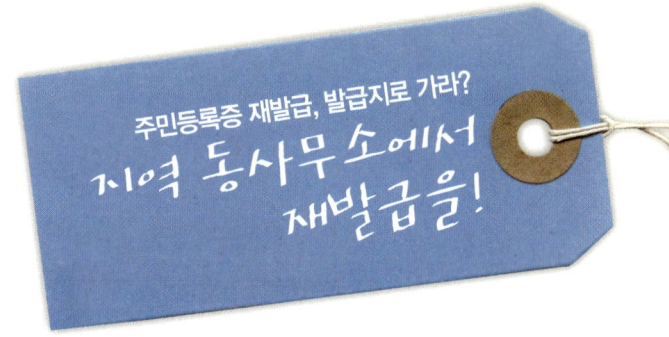
주민등록증 재발급, 발급지로 가라?
지역 동사무소에서 재발급을!

김제에서 서울로 올라와 직장 생활을 하던 중에 지갑을 잃어버린 적이 있다. 주민등록증 재발급에 대해 알아보니 거주 지역의 읍·면·동사무소에서만 발급이 가능하다고 한다. 곧 이사해야 하기 때문에 전입신고를 미루고 있었는데, 결국 재발급하려면 다시 김제로 내려가야 한다는 이야기였다. 신분증이 없으니 당장 은행 이용조차 불가능할 뿐 아니라 일상에서 불편한 점이 한두 가지가 아니었다. 결국 어쩔 수 없이 김제로 내려가야 했는데, 그 때문에 직장에서 하루 월차를 냈고 왕복 교통비로 5만 원이나 소요됐다. 지갑을 잃어버린 것은 본인의 잘못이라고 치더라도 그 대가가 이렇게 비싼 것은 쉽게 이해되지 않는 처사다.

 주민등록 등·초본 발급은 전국 어디서나 동일한 수수료로 가능한데 유독 주민등록증만 재발급이 불가능하다는 점은 이해할 수 없다. 특히 '전자 정부'를 표방하는 정부의 행정 방침에도 어긋나는 게 아닌가 하는 생각이 든다. 전자 정부란 말 그대로 모든 행정이 통합되고 체계적인 방식으로 연계되어 있는 정부를 말한다. 서울의 동사무소든, 강원도 산골 마을의 동사무소든 하나의 행정망으로 연결되어 있어 어디서 어떤 작업이든 가능해야 한다는 이야기다. 만약 본인의 소재지가 김제가 아니라 부산이나 제주였다면 어땠을까? 제주도의 경우 왕복 비행기 요금 20만 원에 기타 부대비용까지 합하면 30만 원이 훌쩍 넘어간다. 당장 없으면 시민의 생활에 큰 불편을 주는 주민등록증 재발급 같은 민원은 빠르고 쉽게 처리할 수 있도록 대책을 마련해야 한다.

😀 아거

이 아이디어는 국무총리 주재 '국정현안정책조정회의'에서 받아들여 전국 어디서나 주민등록증을 재발급할 수 있게 되었습니다. 빠르면 2007년 12월부터 적용됩니다.

도시를 위한 나무 기부 운동

런던 템스 강변을 따라 길게 나 있는 산책로 퀸스워크Queen's Walk를 걷고 있을 때의 일이다. 산책로 곳곳에 있는 나무에 한국에서는 볼 수 없는 문패 비슷한 것이 걸려 있었다. 그중 하나를 가만히 살펴보니 "Jill Shaw Ruddock, 당신의 50번째 생일을 축하하면서"라는 문구가 쓰여 있었다. 사정을 들어보니, 공공 기업이 벌이는 운동의 하나로 자신의 남편이나 아내, 가족, 혹은 지인을 위해 나무를 기부하는 거라고 했다. 그 나무에 자신이 원하는 문구를 써놓을 수 있으니 나무가 살아 있는 한 모두들 그 사연을 기억하고 또 언제든 읽을 수 있다는 것이다.

이른바 '도시를 위한 나무(Trees for Cities)'라는 운동이다. 말 그대로 도시를 위해 나무를 기부하고 기부자의 이름과 사연을 적어주는 것이다. 산책로 곳곳에 이런 나무가 정겹게 사람들을 위해 그늘을 드리우고 있었다. 곳곳에 적혀 있는 사연을 읽으며 친근감을 느끼기도 했고 타인을 생각하는 배려에 마음이 따뜻해지기도 했다.

이런 운동은 우리나라에서도 충분히 할 수 있다. 거리 곳곳에 시민이 기부한 나무가 있다면 보는 이들도 즐겁고, 또 기부한 사람은 언제든 추억을 되새길 수 있어서 좋을 것이다. 더불어 지방자치단체에서는 나무를 사는 비용을 아낄 수 있으니 금상첨화가 아닐까? 마치 회색빛 도시에 사람들의 향기가 듬뿍 묻어 있는 것 같아 기분이 좋았다. 이런 운동도 좀 더 따뜻한 도시를 만드는 데 한몫을 할 것이다.

Korea

지구상에서 **가장 살고 싶은 곳이**
되는 그날까지

국민 건강 증진과 관광객 유치를 동시에! • 외국인도 겁내하는 교통 혼잡 • 전 세계에 단 하나뿐인 공원 • 장애인도 여행을 즐길 권리가 있다 • 길거리가 관광지다

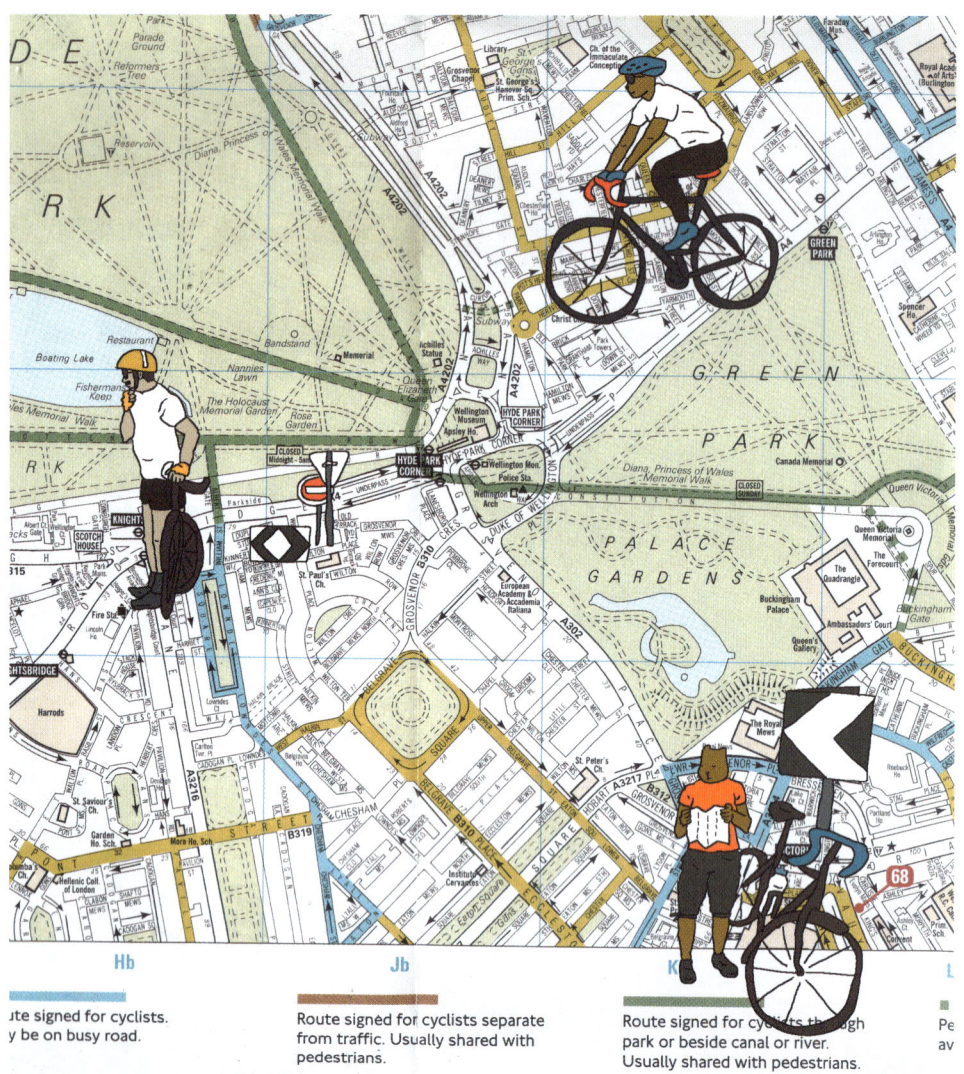

Hb	Jb	K	L

ute signed for cyclists. y be on busy road.

Route signed for cyclists separate from traffic. Usually shared with pedestrians.

Route signed for cyclists through park or beside canal or river. Usually shared with pedestrians.

> 국민 건강 증진과 관광객 유치를 동시에!
> # 자전거도로를 따라 전국 일주를 하다

선진국이 자랑하는 것 중 하나가 잘 정비된 자전거도로다. 유럽은 자전거 천국이라 할 만큼 자전거도로가 전 지역을 이으며 뻗어 있고, 독일은 자전거 횡단 도로인 '로맨틱 도로'를 건설해 관광객 유치와 국민 건강 증진에 성공한 사례로 꼽힌다. 특히 자전거는 환경을 오염하지 않기 때문에 아무리 많은 관광객이 몰려든다고 해도 그 폐해가 없다. 한마디로 '환경을 보호하는 최상의 청정 관광 상품'이라고 해도 과언이 아니다.

우리나라에서도 자전거도로를 확충하려고 애쓰고 있지만 거국적 차원의 자전거도로 건설이 필요한 시점이다. 우선 도시와 도시를 잇는 도로와 전국을 순회할 수 있는 도로망을 구축해 전 국민이 자전거를 이용해 여행할 수 있도록 한다면 독일과 마찬가지로 국민 건강 증진은 물론 관광객 유치에도 도움이 될 것이다. 자전거로 각 도시에 갈 수 있고 또 전국을 안전하게 일주할 수 있다면 교통 체증 해소와 함께 연료 절감 효과도 있고 국민의 웰빙 생활과 청소년의 모험

심과 체력 단련에도 좋은 영향을 미칠 것이다. 휴가 기간을 이용해 전국을 일주하는 직장인도 늘어날 것이고 대학생의 여름방학 행사로도 의미가 있다. 더불어 '전국 자전거도로 지도'를 만들어 중간 중간 쉬어 갈 수 있는 곳이나 자전거로 접근할 수 있는 경치 좋은 곳을 소개할 수도 있다. 자전거 덕분에 우리나라에 새롭고 친환경적인 관광 상품이 하나 더 생기는 것이다.

진

박준형의 FunFun Talk

우리나라를 배낭여행의 천국으로! 한국에 배낭여행을 온 외국인들 얘기를 들어보면 숙박 문제가 가장 곤란하다고 한다. 호텔이나 모텔 등의 인프라는 비교적 잘 갖추어져 있지만 배낭여행자를 위한 도미토리라든지 캠핑장은 상대적으로 빈약하다는 것이다. 사실 도미토리는 배낭여행자를 유혹하는 아주 좋은 숙박 시설이다. 일단 여러 명이 함께 자기 때문에 비용이 굉장히 저렴할 뿐 아니라 전 세계에서 온 사람들이 함께 어울리기 때문에 친구를 사귀기에도 더할 나위 없이 좋은 조건이다. 국제학생증이 있는 사람에게는 숙박비나 밥값을 좀 더 싸게 할인해 준다면 우리나라의 아름다운 자연을 보러 오는 배낭여행자는 지금보다 훨씬 많아질 것이다.

사실 밤 문화에 관해서만큼은 우리나라가 굉장히 발달한 편이다. 특히 홍대 앞은 외국의 젊은이들이 보기에 '해방구'와 같은 곳이다. 이처럼 좋은 조건을 갖추고도 이를 제대로 살리지 못한다면 관광 행정 담당자들의 책임이 크다고 할 수 있지 않을까? 어쨌든 우리나라를 배낭여행자의 천국으로 만들어 더 많은 외국인이 찾을 수 있도록 하자는 얘기다.

공항에서 한국말 배우기

이제는 한국어의 위상도 상당히 높아진 것이 사실이다. 외국에서도 한국어를 배우는 사람이 점차 늘어나고 제2외국어로 채택하는 경우도 적지 않다. 예전에는 외국인만 보면 무조건 피했지만 요즘 대학생들은 영어 실력이 늘어 외국인을 봐도 움츠러들지 않는다. 또 외국인 스스로 간단한 한국말을 배워 한국을 찾는 경우도 있다.

하지만 우리의 뛰어난 역사와 문화를 알린다는 차원에서 한국어를 직접 접할 기회를 좀 더 늘리는 것도 좋지 않을까? 공항에 가보면 비행기를 타기 전에 기다리는 시간이 상당히 길다. 뿐만 아니라 비행기 안에 있는 시간도 무척이나 지루하다. 잠을 자거나 책을 읽기도 하지만 이런 시간을 한국어를 알릴 기회로 활용하면 어떨까? 한국행 비행기를 타기 전에 간단한 한국말을 배울 수 있게 하는 것이다. 대기실에 설치된 모니터를 통해 알려줄 수도 있고 비행기 안 모니터를 통해서도 가능하다.

'안녕하세요?', '얼마예요?', '맛있습니다', '고맙습니다', '다음에 또 만나요' 등 간단하지만 꼭 필요한 한국말 문장을 알려주는 것이다. 뿐만 아니라 한국에서 외국으로 갈 때도 비슷한 프로그램을 운용할 수 있다. 고객 서비스 차원에서 영어와 일어, 중국어 등을 가르쳐준다면 여행이 한결 즐거워질 것이다. 현지인과 대화를 나누면서 그들의 문화를 보다 가까이 느끼는 것이 진정한 여행의 재미 중 하나이기 때문이다.

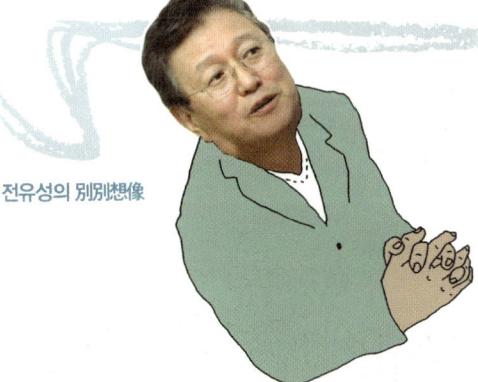

전유성의 別別想像

박원순의 아이디어 스크랩

지붕 위에 염소를 키워 유명해진 관광지를 찾아가다

캐나다 밴쿠버 근교에 아주 유명한 가게가 하나 있다. 올드 컨트리 마켓Old Country Market이라는 곳인데, 이곳이 유명한 이유는 지붕 위에서 염소를 키우기 때문이다. 기상천외한 발상으로 이 가게는 아주 인기가 좋고 이곳을 찾는 사람도 끊이지 않는다. 그저 전시용으로 염소 몇 마리를 지붕에 올려놓은 정도가 아니라 실제로 지붕이 염소의 집이다. 잔디와 풀을 뜯어 먹으며 평화로운 생활을 만끽하고 있다. 내가 이곳을 방문했을 때도 수많은 사람이 이 진기한 광경을 보기 위해 찾아왔다. 주로 토산품과 식품을 파는 이 가게는 진열해 놓은 물건도 다양하고 푸짐하다. 그러나 무엇보다도 사람들의 발길을 잡아끄는 것은 지붕 위에서 염소를 키운다는 그 사실이다. 염소로 유명해진 만큼 이 가게에서는 염소를 모티브로 만든 온갖 물건을 만날 수 있다.

가게 간판에도 염소를 그려놓았고, 제품의 브랜드도 '지붕 위의 염소 Goats on Roof'라고 지었다.

우리나라에서도 다양한 중소형 도매점이 살아남기 위해 안간힘을 쓰고 있다. 가격을 할인하고 덤을 얹어주는 마케팅을 하기도 하며 때로는 연예인의 공연 등으로 사람들을 끌어 모으기도 한다. 하지만 대개 비슷한 업소들이 비슷한 마케팅 전략을 펴기 때문에 별로 차별화되지 않고 소비자의 눈길도 끌지 못하는 경우가 많다. 이럴 때 발상을 획기적으로 전환하면 그만큼 파격적인 효과를 얻을 수 있다.

올드 컨트리 마켓이 가장 대표적인 예라고 할 수 있다. 지붕 위에 염소를 키운다는 발상 자체가 쉬운 일은 아니지만, 일단 독특한 차별화로 인정을 받고 나니 관광 명소가 됐고 더불어 판매 수익도 껑충 뛰었다고 한다. '마케팅'에 관심이 있는 사람이라면 한 번쯤 되새겨야 할 부분이다.

외국인도 겁내하는 교통 혼잡
교통신호등 숫자 표시

교차로에서 교통신호가 바뀌길 기다리다 보면 가끔 러시안룰렛을 하는 심정이 된다. 언제 파란 불로 바뀔지, 그래서 언제 출발해야 할지 잘 모르기 때문이다. 대충 감으로 '이쯤 되겠지' 생각하지만 예상과 달리 갑작스레 신호가 바뀌면 당황할 수도 있다. 잠깐 딴생각을 하다 신호가 바뀐 것을 모를 수도 있고, 뒤에서 경적을 울리면 그제야 깜짝 놀라 출발 준비를 하는 경우도 있다. 뿐만 아니라 여러 대의 차량이 동시에 움직이기 때문에 간혹 차가 서로 뒤엉키기도 하고 오도 가도 못하는 상황이 돼서 난감할 때도 한두 번이 아니다. 이런 경우 교통경찰이라도 있다면 그나마 다행이지만 매번 교통경찰이 있을 리도 만무하다.

최근 몇 년 사이 이런 불편함을 덜기 위해 횡단보도 신호등에는 새로운 시스템을 도입했다. 파란색 칸이 하나 둘 줄어드는 것이 한눈에 보여 지금 건너도 되는지, 아니면 다음 신호를 기다려야 할지 여유 있게 계산할 수 있다. 예전에는 신호가 언제 바뀔지 몰라서 다급하게 뛰는 경우도 많았지만 지금은 덕분에 그런 일이 많이 줄었다. 횡단보도를 건너려는 자동차 역시 파란색 칸이 모두 없어질 때까지 느긋하게 기다리게 되므로 보행자나 운전자 모두에게 편안한 시스템이다.

교차로 신호등에도 이런 시스템을 도입해 황색 칸이 점차 줄어들거나 아니면 숫자로 표시해 주는 것도 좋을 듯하다. 중국에는 이미 이런 시스템이 정착되었는데, 운전자들이 한결 느긋하고 여유 있어 보였다. 이제는 러시안룰렛을 하는 심정이 아니라 편안한 마음으로 교차로를 마주하게 하면 어떨까? 한국을 찾은 외국인이 가장 겁내는 것이 바로 무섭게 질주하는 자동차와 교통 혼잡이라고 한다. 관광 대국을 꿈꾼다면 이런 세심한 부분까지 신경 써야 하지 않을까?

호수, 가을하늘

전 세계에 단 하나뿐인 공원
삼겹살 공원

외국 영화를 보면 공원에서 바비큐 파티를 즐기는 모습이 자주 나온다. 푸른 잔디 위에서 아이들이 뛰어 놀고 부부가 함께 고기를 굽는 모습은 한 폭의 그림처럼 낭만적으로 보인다. 거기다 와인 한 잔을 곁들이면 휴일 저녁의 가족 나들이로는 최고가 아닐까 싶다.

아마도 한국 사람이라면 야외 공원에서 삼겹살을 구워 먹는 모습을 한 번쯤 상상해 보았을 것이다. 가족끼리, 때로는 이웃과 함께 모여 시끌벅적하게 음식을 권하기도 하고 서로 안부도 물으면서 삼겹살을 먹으면 행복한 한때가 되지 않을까?

하지만 누구라도 공원에서 그렇게 한다면 교양 없는 사람으로 낙인찍히고 또 공원 관리인에게 제지를 당할 것이다. 일단은 공원 안에서 취사가 불가능하기 때문에 그렇기도 하고 쓰레기를 제대로 치우지 않을 거라는 생각 때문이다. 그러나 건전한 시민의식만 있다면 얼마든지 우리도 공원에서 삼겹살을 구워 먹을 수 있다. 아니면 아예 '삼겹살 공원'을 지정해서 시민들이 마음 편하게 즐길 수 있도록 하는 건 어떨까? 비슷비슷한 공원이 수백 곳에 이르는 상황에서 한두 곳쯤은 삼겹살 공원으로 지정해 즐겨도 좋지 않을까?

  공원 주변에는 삼겹살을 파는 정육점과 야채 가게, 그리고 미처 준비물을 챙기지 못한 사람들을 위한 각종 기구 판매점도 생길 것이다. 삼겹살 공원을 만들면 다른 사람들에게 피해를 주지 않으면서 가족이나 연인끼리 즐거운 나들이를 할 수 있지 않을까 생각해 봤다. 공원에서 차분하게 책을 읽거나 사색하는 것도 물론 좋다. 하지만 자연을 벗 삼아 삼삼오오 짝지어 먹을거리와 더불어 이야기를 나누며 삶의 여유를 즐길 수 있는 곳도 다름 아닌 공원이 아닐까?

김현경

💡 사랑하는 이에게 별을 따줄 수 있는 관광지

우리가 눈으로 볼 수 있는 것 중에 가장 신비롭고 아름다운 것, 어쩌면 하늘의 '별'이 아닐까? 바쁜 생활에 쫓겨 한번 올려다보지도 못한 하늘을 향해 고개를 들면 언제나 어둠을 밝히며 수정같이 반짝이는 별이 있다. 하지만 우리가 보는 별빛은 이미 수억 광년 전에 그 별이 보낸 빛이라는 것쯤은 누구나 알고 있을 것이다. 어쩌면 그 때문에 더욱 신비롭게 느껴지는지도 모른다.

우리나라에서 가장 시계가 맑아 하늘의 별이 잘 보이는 곳에 '별을 볼 수 있는 관광지'를 하나쯤 만드는 것도 괜찮지 않을까? 낮에는 여기저기 돌아다니며 관광한다고 해도 밤에는 딱히 볼만한 것이 없는 게 사실이다. 그래서 대부분 술을 마시는 등 유흥을 즐기면서 하루를 마감한다. 그런 만큼 아이들과 함께 간 부부라든지, 술을 못 마시는 연인들은 좀 심심하기도 할 것이다.

그럴 때 아름다운 별을 바라볼 수 있는 곳이 있다면 더욱 뜻 깊은 시간을 보낼 수 있지 않을까? '자기야, 나 저 별 좀 따줘'라는 닭살 멘트를 날릴 수도 있고 그러면서 애정도 더욱 깊어질 것이다. 물론 이곳에서는 연인에게 별을 따줄 수도 있다. 관광지 한쪽에 있는 매점이나 기념품점에서 별을 사주면 될 테니까.

진짜로 하늘에 있는 별을 팔 수도 있다. 미국에서 달의 토지를 분양하는 걸 본 적이 있다. 진짜 달을 정복해 도시를 건설한다고 해도 그 땅이 자신의 것이 되긴 힘들겠지만 그저 '달에 내 땅이 있다'라고 생각하는 것만으로도 흐뭇한 일이다. 별도 마찬가지다. 부모가 아이에게 별을 선물해 아름다운 동심을 가꿀 수 있도록 하는 것도 어린 시절 소중한 추억으로 남지 않을까?

"철수야, 저 별은 네 거야."
"고마워요, 아빠. 이담에 과학자가 돼서 꼭 저 별에 아빠를 모시고 갈게요."

박준형의 FunFun Talk

재미있는 톨게이트 추석이나 설 같은 연휴 기간에는 '귀향 전쟁', '귀성 전쟁'이라는 말을 어김없이 각종 매체를 통해 듣게 된다. '어떻게 하면 빨리 갈 수 있나?' 혹은 '어떻게 하면 편하게 갈 수 있나?'는 연휴를 앞둔 귀성객의 한결같은 고민이다. 하지만 딱히 방법이 없다는 것이 오히려 정답이다. 언제 어디가 어떻게 막힐지 아무도 알 수 없기 때문이다. 결과적으로 명절을 앞둔 귀향길은 늘 힘들 수밖에 없다. 그럴 때 잠깐이나마 즐겁게 웃을 수 있는 일이 없을까 생각해 봤다. 그러다 톨게이트에 생각이 미쳤다.

요즘 톨게이트에는 자동으로 표가 나오는 기계가 있다. 하지만 모두 하나같이 재미없는 사각 모양의 딱딱한 기계일 뿐이다. 이걸 재미있는 동물 모양으로 바꿔보는 건 어떨까? 다소 엉뚱하게 들릴 수도 있지만 때로는 그런 엉뚱함이 삶에 뜻하지 않은 기쁨을 선사하기도 한다. 마치 동물이 혀를 내밀듯이 표가 나온다면 보는 사람도 즐겁고, 그 표를 빼는 즐거움 또한 무시할 수 없을 것이다. 더불어 표가 나올 때 각각의 동물에 맞는 소리를 내면 더욱 즐겁지 않을까? '어흥' 하는 호랑이 소리가 나올 수도 있고 '야옹' 하는 고양이 소리가 나와도 좋다. 그러면 차 안에서 울고 있던 아기도 깜짝 놀라 울음을 그치고, 아이들이 서로 표를 뽑겠다며 난리를 쳐서 한바탕 웃음꽃이 필 수도 있을 것이다. 한마디만 더 하면, 자동 응답 소리를 그 지방 출신 연예인의 목소리로 대신하는 것도 좋을 것 같다. 전라도 사투리로 '운전 조심하면서 안녕히 가시요이~'라고 해도 좋고 강원도 사투리나 경상도 사투리를 써도 슬며시 웃음이 나오지 않을까?

전유성의 別別想像

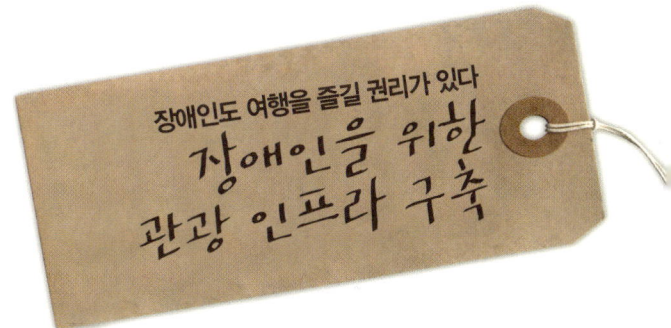

장애인도 여행을 즐길 권리가 있다
장애인을 위한 관광 인프라 구축

장애인이 여행을 즐기는 것은 결코 만만한 일이 아니다. 특히 휠체어를 타는 장애인, 그중에서도 웬만한 성인 남성 두 명이 들어도 들기 힘든 전동 휠체어를 타는 장애인과 그의 가족은 여행을 하고 싶어도 할 수 없는 경우가 많다. 자가용을 이용해 원하는 곳에 간다고 해도 그곳에서 밥을 사 먹는 일조차 쉽지 않다. 관광지 또한 휠체어를 타고 다닐 수 있는 곳이 많지 않다. 곳곳에 턱이 있는가 하면 각종 장애물이 즐거운 관광을 방해하고 나선다.

우리나라 관광지 곳곳에 장애인과 그들의 가족이 기분 좋게 즐길 수 있는 곳을 만들고 그걸 관광 상품으로 개발해 해외에도 알렸으면 한다. 몇 개의 코스를 정해 장애인이 직접 현장을 체험해 보고 불편한 점을 일일이 지적하게 해서 이를 개선하면 될 것이다. 설사 휠체어를 탄 사람들이 자주 여행을 다니지 않는다고 해도 그런 관광 상품이 있다는 것만으로도 우리나라의 인권과 복지 지수가 한층 올라가지 않을까? 또 특정 여행사에서 이 프로그램을 집중적으로 홍보하고 장애인들의 반응이 좋다면 여행사 측에서도 손해를 보지는 않을 것이다. 가이드가 수화로 의사소통을 할 수 있도록 교육하는 것도 프로그램을 만들 때 반드시 신경 써야 할 부분이다.

미국의 경우 노인들은 휠체어를 타고 다니는 경우가 많고, 또 그들은 자주 여행을 다닌다. 그만큼 인프라가 잘 갖춰져 있다는 이야기일 것이다. 장애인으로 태어나도, 혹은 살아가다가 불의의 사고로 장애인이 된다고 하더라도 아무런 불편 없이 살아갈 수 있는 세상, 이룰 수 없는 꿈만은 아닐 것이다.

깔깔마녀

新 외화 벌이, 세계인을 불러 모을 '동대문 바겐세일'

박준형의 FunFun Talk

가끔씩 해외에 나가 보면 정말로 입이 딱 벌어지는 관광지가 많다. 한국에서는 볼 수 없었던 새로운 문화를 접하면서 내 나름대로 '두뇌 트레이닝'을 하기도 하고 이를 개그에 접목하려는 노력도 한다. 그러면서 우리나라 관광산업에 대해서도 다시 한번 생각해 보게 된다. 과연 외국인이 우리나라에 와서 관심을 갖고 볼만한 것은 뭘까? 신문 보도를 봐도 관광수지가 갈수록 적자라는 이야기가 심심치 않게 나온다. 사실 관광 상품만 보면 다른 나라에 비해 특출하게 '이거다'라고 꼽을 수 있는 것이 별로 없다. 관광 산업의 하드웨어가 좀 약하면 소프트웨어를 강화해 우리나라를 관광 대국으로 만들어보는 것도 나쁘지 않을 것 같다.

그래서 생각한 게 바로 '동대문 바겐세일'이다. 한국의 패션 산업, 특히 동대문 시장의 경쟁력은 이미 외국인에게도 널리 알려진 상태다. 여행사를 통한 패키지 여행객도 대부분 동대문에 들러 쇼핑을 즐긴다. 그렇다고 해도 동대문 하나만으로 '세계적인 관광 이벤트'를 만들기는 좀 부족할 테니 아예 특정 기간 동안 동대문의 의류 상가 전체가 '50퍼센트 할인 행사'를 해서 이를 우리나라의 관광 이벤트로 만들어보면 어떨까 생각해 봤다. 홍보만 제대로 하면 그 기간에 외국인이 한꺼번에 몰리고 이렇게 순조롭게 출발하면 '독일에 맥주 축제가 있고, 일본 삿포로에 겨울 눈 축제가 있다면, 한국에는 엄청나게 싼값에 예쁜 옷을 살 수 있는 동대문 축제가 있다'라고 각인되지 않을까?

50퍼센트를 할인하면 너무 싸게 파는 거 아니냐고 도·소매점 측에서 항의할지도 모르지만 그간 쌓인 재고도 쉽게 처분할 수 있고 또 기타 음식점이나 호텔, 항공사가 동대문 축제와 연계해 수익을 올리는 만큼 무조건 손해를 보라는 이야기는 아니다.

한 외국인 친구가 "유럽은 밤만 되면 너무 지루해. 우리의 젊은 열정을 발산할 데가 없다고!"라고 말한 적이 있다. 그들의 넘치는 열정, 밤새 동대문에서 쇼핑하게끔 유도하자는 것이다.

뮌헨에서 발견한 장애인을 위한 관광 가이드북

여행을 싫어하는 사람은 없다지만 여행을 하고 싶어도 선뜻 나서지 못하는 사람들이 있다. 바로 장애인이 그들이다. 특히 시각 장애인의 경우 일반인의 도움 없이는 국내는 물론 해외여행을 하는 것 자체가 불가능하다. 시각 장애인은 어쩔 수 없다고 하더라도 그밖에 가벼운 행동 장애나 신체 일부가 불편한 사람은 조건만 갖춰지면 얼마든지 여행을 즐길 수 있다. 그러나 문제는 이런 장애인을 위한 배려가 충분하지 않다는 것. 일단 이동하는 것 자체가 너무 힘들 뿐더러 장애인을 위한 책자 하나 제대로 만들어내지 않는 실정이다.

독일 뮌헨을 여행하던 중 『장애가 있는 관광객을 위한 뮌헨』이라는 책자를 발견한 적이 있다. 이 책자에는 장애인을 위한 다양한 여행 정보와 루트가 자세히 소개되어 있었다. 관광지를 찾아가는 방법과 어떻게 하면 좀 더 편안하게 이동할 수 있는지, 또 해당 관광지에 장애인 관광객을 위한 배려로 어떤 것이 있는지도 친절하게 덧붙여놓았다. 이 책 한 권만 있으면 장애인도 뮌헨 여행이 그리 어렵지 않겠다는 생각이 들었다. 더불어 장애인 한 사람에 대해서도

이렇듯 배려를 아끼지 않는 그들의 따뜻한 국민성을 생생하게 느낄 수 있는 책이었다.

　우리나라 관광지나 여행지를 오가면서도 수많은 장애인을 만날 수 있다. 그런데 기껏 우리가 그들을 위해 해놓은 것이라고는 전용 주차 공간이나 휠체어가 다닐 수 있는 통로 정도다. 이런 책 한 권, 우리 관광지에도 제작해 비치해 둘 만하지 않은가? 뮌헨이 세계적인 관광지로 부상한 이유를 알 수 있을 듯했다. 우리도 장애인을 위한 관광 인프라를 좀 더 갖추어야 한다. 도심을 다니는 데도 수많은 불편을 감수해야 하는 사람들이 관광지에 찾아가는 것은 사실 엄청난 용기가 필요한 일이다. 외국인 관광객은 아마 더할 것이다. 비록 몸은 장애로 불편할지언정 보고 듣고 느끼는 데는 장애가 없어야 하는 것이 진정한 인류애이고 인간에 대한 사랑의 실천일 것이다.

길거리가 관광지다
아름다운 노점

한번은 동네 시장에서 매우 안타까운 장면을 목격했다. 고함과 울음 소리가 뒤섞여 들리기에 인파를 뚫고 들어가 보니 붕어빵을 파는 할머니가 길바닥에 주저앉아 울고 있었다. 이유인즉 거리 정화 사업의 일환으로 노점을 철거하고 화단을 꾸미기 위해 구청에서 사람이 나왔다고 했다. 그곳에서 10년 넘게 장사해 온 할머니의 마음도 이해가 가고 구청의 행정 원칙도 나름 이해가 갔다. 그러나 언제 철거당할지 몰라 마음 졸이는 노점상들의 처지가 더 안타까웠다. 거리를 아름답게 단장하기 위해 꼭 꽃을 심으라는 법은 없다. 노점 자체를 명물로 예쁘게 꾸미면 노점상도 생계를 위협받지 않고 거리도 더 아름다워지지 않을까? 시들어버린 꽃과 지저분하게 쓰레기가 널려 있는 화단보다는 예쁜 간판과 단정한 외관의 노점이 있는 거리가 훨씬 정감 있고 아름다울 수 있다. 가끔 관리를 제대로 하지 않아 흉물로 변해 버린 길거리의 화단이 눈에 띄기도 한다. 어떤 곳은 쓰레기를 마구 버려 오히려 도시의 미관을 해치기도 한다.

반면에 노점상들이 주변을 매일 청소하면 거리도 훨씬 깨끗해질 것이다. 행정기관에서 노점을 철거하는 데 들일 시간과 비용을 반대로 보다 아름다운 노점을 만들기 위해 투자한다면 어떨까? 그리고 철저하게 위생 관리를 하면 길거리에서 분식을 사 먹는 사람들도 안심할 수 있고 외국인 관광객에게도 좋은 볼거리, 먹을거리를 선사할 수 있다. 노점으로 힘겹게 살아가는 분들의 가계에 보탬이 되는 것은 물론이다. 특히 길거리를 이렇게 아름답게 꾸미면 그 자체가 하나의 훌륭한 관광 자원이 될 수 있다.

호종훈

한국에도 독특한 목욕 문화가 있다

박준형의 FunFun Talk

많은 사람들이 해외여행을 떠나는 것은 결국 그 나라만의 독특한 문화를 체험하기 위해서일 것이다. 물론 우리나라에도 다른 나라에서는 결코 찾아볼 수 없는 다양한 문화가 있다. 그중에 목욕 문화, 찜질방 문화도 꽤 독특하다. 많은 사람들이 일본의 온천 문화를 즐기는데 아직 우리나라에서는 우리 고유의 **목욕** 문화를 세계에 알리려는 노력을 하지 않는다.

특히 이태리타월을 이용한 '때밀이 문화'는 세계 어디에서도 찾아볼 수 없는 우리 고유의 문화다. 예전에는 '때밀이'라고 하여 천대했고 직업적으로도 무시하는 경향이 있었지만 이걸 잘 발전시키면 또 하나의 관광 자원이 되지 않을까? 때를 밀어주는 것만이 아니다. 황토를 이용한 목욕을 비롯해 한방 의학을 결합한 좌욕 등도 분명 외국인에게는 신기할 것이다. 자신이 목욕하는 모습, 혹은 황토를 온몸에 바른 모습을 사진으로 남겨주는 등 부가 서비스를 개발할 수도 있다. 찜질방도 마찬가지다. 그 개운함과 상쾌함은 일본의 온천욕과는 전혀 다른 차원의 또 다른 매력을 간직하고 있다. 태국이나 중국의 마사지 문화는 이제 전 세계에 알려져 **훌륭**한 관광 자원이 되었다. 한국의 목욕 문화도 그렇게 되지 말라는 법은 없다.

Flying Dream, 작은 트럭에 꿈을 싣고

청년 실업이 사상 최고치를 기록하고 있는 데다 직장인의 퇴직 연령도 점차 낮아지고 있다. 이제 40대부터 퇴직 이후의 삶을 고민해야 하니 참 팍팍한 세상살이라는 생각이 든다. 직장을 구하지 못한 사람들, 그리고 직장에서 나와 뭔가 새로운 일을 찾는 사람들은 대개 창업을 염두에 둔다. 조직 생활에서 눈치 보는 것도 힘들고 또 새로운 회사에서 뽑아주지도 않기 때문이다. 하지만 창업을 하려면 점포가 있어야 하는데 만만치 않은 돈이 들어간다. 또 '권리금'이라는 부담도 있는데, 자칫 실패라도 한다면 이 권리금을 한순간에 날려버리게 된다. 애써 모은 돈으로, 혹은 힘들게 돈을 빌려 창업했건만 이렇게 실패로 돌아간다면 그 상처와 피해가 너무 크다. 만약 지금 이런 고민을 하고 있다면 창업 비용이 많이 드는 점포보다는 저렴하고 간편한 '이동식 점포'를 생각해 보는 것이 어떨까? 이미 많은 사람들이 트럭을 이용해 이런 이동식 점포를 운영하면서 소박한 꿈을 펼쳐나가고 있다.

여의도에는 작은 트럭에 다양한 액세서리를 싣고 와 길거리에 주차한 후 물건을 파는 이동식 가게가 있다. 'Fun Life & Moving Shop'이라고 써 붙여놓았다. 가게 이름은 'Flying Dream(날아다니는 꿈)'이다. 움직이는 가게이자 소기업인 셈이다. 청년 실업이 늘어나는 현실에서 한 청년의 '날고 싶은 꿈'이 서려 있는 듯 느껴진다.

이렇게 액세서리를 파는 이동식 가게가 있는가 하면 카페도 있다. 여수 시니어클럽이 운영하는 움직이는 카페에서는 커피, 차를 비롯해 다양한 음료수를 판다. 이름도 'The Road Cafe 봄바람'이다. 사실 자동차만큼 기동성 있는 수단도 드물다. 가만히 앉아서 손님을 기다릴 필요 없이 손님이 많은 곳으로 얼마든지 찾아갈 수 있다. 따로 월세가 나가지 않으니 그만큼 적은 비용으로 가게를 꾸려갈 수 있고 손님 입장에서도 싼값에 물건을 구매할 수 있으니 일석이조다. 물론 이런 이동식 가게로 큰돈을 벌기는 힘들지도 모른다. 하지만 단지 장사해서 돈을 벌 수 있다는 것만으로도 그들은 삶의 보람을 느끼지 않을까? 그들에게 이 이동식 가게는 그저 단순한 자동차가 아니라 희망의 세상으로 날아갈 수 있는 날개일 것이다. 달리는 자동차에 싣기만 하면 무엇이든 팔 수 있다.

이름 하여 '달리는 삼각김밥, 우동 전문점'도 있다. 자동차가 너무 예쁘고 눈에 띄어서 장사도 잘될 듯하다. 경제적으로 힘든 시기에는 이렇게 작고 예쁜 것으로도 충분히 경쟁력을 발휘할 수 있다는 사실을 기억하자.

좋은 아이디어에는 국경이 없다

내 명함에는 소셜 디자이너라는 낯선 직함이 인쇄되어 있다. 이는 인테리어나 패션을 디자인하는 사람이 아니라 우리 사회를 디자인하는 사람이다. 어떻게 하면 우리 사회를 한 단계 업그레이드할 수 있을지 밤이나 낮이나 고민한다. 어떻게 하면 좀 더 인간적이고 민주적이고 효율적이고 합리적이고 상식적일지 생각한다. 외국의 길거리를 보면서도, 누군가를 만나 이야기를 나눌 때도, 택시를 탈 때도, 밤에 잠을 잘 때도 오로지 그것만 생각한다.

어찌 보면 이런 일은 '희망제작소' 사람들만 하는 것은 아니다. 공무원이나 기업인이나 시민단체 활동가들이 하는 일도 결국 다르지 않다. 그러나 소셜 디자이너라는 직함 자체에서 느낄 수 있듯 좀 더 창의적으로 생각하고 행동하려고 노력한다. 이미 누군가 잘하고 있는 분야를 건드릴 생각은 추호도 없다. 다른 사람이 미처 생각해 내지 못하고 실천하지 않는 것을 하고자 한다. 그런 일만 하기에도 벅찰 정도로 인생은 짧고 세상은 넓기 때문이다. 누군가 블루오션, 레드오션에 대해 이야기했는데 우리는 늘 블루오션을 향해한다.

이렇게 보면 사실 우리나라에 실업자가 많은 이유를 이해하지 못하겠다. 구조적 실업 문제를 모르는 것은 아니지만, 이렇게 비어 있는 틈새가 많고 할 일이 많은데 우리 사회가 실업자들과 그 일을 연결하지 못하는 것이 안타까울 따름이다. 우리나라 사람들이 몸담고 있는 직업의 수를 헤아려보면 선진국의 절반 정도에 불과하다고 한다. 그만큼 아직 개척할 분야가 많고 할 일이 많다는 이야기다.

영국의 사회 창안 연구소(Institute for Social Invention)나 미국 스탠퍼드 대학교 비즈니스 스쿨 안에 있는 사회 혁신 센터(Center for Social Innovation)

도 우리처럼 창의적 사고, 혁신적 실천을 모토로 사회를 아름답게 디자인하는 곳이다. 우리는 늘 이런 곳에서 아이디어의 자양분을 얻고 또 그것을 더욱 발전시켜 우리 사회에 맞게끔 재창조한다. 재활용 가게인 '아름다운가게'도 영국의 '옥스팸'이나 미국의 '굿윌', '구세군' 등에서 아이디어를 얻어 시작했다. 얼마 전 도쿄에 갔다가 우리 아름다운가게를 벤치마킹했다는 '에코 메세'라는 단체를 만났다. 이렇게 좋은 아이디어는 국경을 초월해 흐른다.

희망제작소는 아직 시작한 지 1년 6개월밖에 되지 않았다. 지금도 여전히 시행착오를 거듭하며 새로운 실험을 모색 중이다. 그러나 시작이 반이다. 1년 6개월은 참으로 소중한 시간이었다. 아마도 처음부터 잘되기를 기대하는 것은 도둑놈 심보일 것이다. 앞으로도 숱한 땀방울을 흘릴 것이다. 애초에 희망은 하늘에서 내려오는 것이 아니고 어느 날 갑자기 땅에서 솟는 것도 아니다. 우리가 흘리는 땀방울이 모여 희망을 창조한다. 소셜 디자인, 바로 여기서 우리는 희망을 만들어낼 것이다.

해외 아이디어 뱅크, 어떤 곳이 있을까

『기똥찬 아이디어를 위한 노하우 How to Have Kick-Ass Ideas』의 저자 크리스 바레즈 브라운Chris Barez-Brown은 아이디어를 낼 때 지나치게 독창성에 얽매일 필요는 없다고 말한다.

"당신의 이슈가 무엇이든, 그것은 세상 어딘가에서 사회적으로 자연스럽게, 혹은 정부나 기업 측에서 해결해 왔다."

그에게 아이디어는 '열린 마음, 민감성, 직관력, 그리고 행동력'이다. 그렇다면 이런 아이디어를 외국에서는 어떤 방식으로 공유하고 있을까?

Global Ideas Bank
http://www.globalideasbank.org

해외의 대표적인 온라인 아이디어 뱅크로 영국의 '글로벌 아이디어스 뱅크'를 꼽을 수 있다. 희망제작소 사회창안센터를 처음 구상할 때 벤치마킹한 대상이자 전 세계 사람들의 아이디어가 모여 있는 보고寶庫이기도 하다. GIB의 이사 닉 템플Nick Temple은 '아이디어'에 대해 다음과 같이 말했다.

"아이디어에는 저작권이 없다. 우리는 사람들이 사회 자원으로서 아이디어를 찾도록 격려한다. 누구든 온라인상의 아이디어를 사용할 수 있으며, 다른 사람의 아이디어에 본인의 아이디어를 덧붙여서 진행할 수도 있다."

지금까지 GIB는 6,000개가 넘는 아이디어를 받았고 8,000명이 넘는 사람이 등록했으며 매주 대략 50개의 새로운 제안이 쏟아진다. 약 16만 명의 방문객이 아이디어 등급 관련 투표를 했으며, 최고의 아이디어를 누리꾼들이 투표로 결정한다. 매해 약 20만 명이 방문한다.

GIB는 머릿속에 있는 수많은 아이디어보다 사람들에게 공개한 좋은 아이디어

하나가 또 다른 아이디어를 낳아 세상을 바꾼다고 믿는다.
"나쁜 아이디어는 없다. 왜냐하면 어떤 아이디어든 좋은 아이디어를 떠올릴 수 있도록 다른 사람에게 영감을 주기 때문이다."

사회를 다시 만드는 사람들
e-mail: shimin@c-poli.org

한국이 일본을 보고 배운 사례는 흔하지만, 일본이 한국을 보고 배운 사례는 쉽게 접하지 못했을 것이다. 적어도 시민사회 분야에서는 일본이 한국에서 많은 것을 배우는 것 같다. 2000년 유엔이 올해의 시민운동으로 선정한 '낙선 운동'을 일본이 보고 배운 것처럼 얼마 전 일본에서도 사회 창안 운동이 시작됐다. 희망제작소 사회창안센터를 보고 배운 것이라고 한다. 일본의 사회 창안 단체 이름은 '사회를 다시 만드는 사람들'이다. 아직 준비 중인지라 홈페이지는 개통되지 않았다.

UnLtd Ideas Bank
http://www.unltdideasbank.org.uk

사회적 기업가를 위한 재단 UnLtd는 영국의 긍정적인 변화를 위해 사회적 기업가들의 역할을 보조하고 새로운 아이템을 개발한다. 사회적 기업가를 위한 상을 제정해 시상하고 사회적 기업가들의 사회에 대한 영향력 조사, UnLtd 벤처 사업도 한다. 'UnLtd 아이디어스 뱅크'는 영국 내의 사회적 이슈에 대해 토론하고 제안하고 공유할 수 있는 온라인 아이디어 뱅크다.

베이징 사회 개혁 센터(Beijing Social Innovation)
http://www.discoversocialinnovation.org

전 세계의 사회 혁신 사례를 정리, 연구, 소개하는 것이 주된 역할이다. 사회 혁신 사례를 모으기 위해 중국 전역에서 보고서를 모집했으며, 세계 각국의 사회 개혁 사례와 최신 정보를 담은 온라인 뉴스레터를 매달 발송한다. 더불어 정부 혁신, 기업 혁신, 시민사회 혁신, 전 세계 혁신 사례를 분석해 소개한다.

Demos-Glasgow 2020 Project
http://glasgow2020.org

영국 스코틀랜드 글래스고의 미래를 위한 창의적 공공 프로젝트. 전문 컨설턴트가 글래스고의 미래 청사진을 제안하는 것이 아니라 시민이 직접 참여하는 프로그램으로, 아름다운 도시를 만드는 일에 시민이 적극적으로 참여할 수 있도록 동기를 부여하기 위해 시민의 이야기를 수집하고 다양한 형식의 이벤트나 워크숍 등을 진행한다.

미래를 위한 청사진은 도시를 주제로 한 거대 담론이 아니라 시민이 아주 쉽게 생각할 수 있는 것부터 시작한다. 사회복지, 공공 공간 활성화, 세대와 각기 다른 문화를 아우르는 관계 설정 등 그 테마도 다양하며, 시민이 직접 자신이 기획한 프로젝트('글래스고에 바란다' 글 모음, 글래스고의 미래에 대한 스토리텔링 연간 워크숍)를 운영하기도 한다.

Stanford Graduate School of Business-Center for Social Innovation
http://www.gsb.stanford.edu/csi

미국 스탠퍼드 대학교 비즈니스 스쿨에서 운영하는 사회 혁신 센터. 학술 이론에만 치우치지 않고 학생들로 하여금 학교에서 공부하고 있는 분야 외에 보다 나은 사회를 만들기 위한 방법을 모색하게 해 미래를 위한 리더를 양성한다.

*고속도로 통행권에
복권을 붙이면 정말 좋겠네*

초판 1쇄 인쇄 2007년 10월 25일 초판 1쇄 발행 2007년 11월 1일

지은이 희망메이커 · 박원순 · 전유성 · 박준형 **펴낸이** 김태영
기획 이진아 컨텐츠 컬렉션

기획편집 1분사_분사장 박선영 **책임편집** 오유미
1팀_양은하 도은주 2팀_오유미 가정실 김세희 3팀_최혜진 한수미 정지연
4팀_이효선 성화현 조지혜 디자인_김정숙 하은혜 차기윤

상무 신화섭 **COO** 신민식
콘텐츠 사업 노진선미 이화진
홍보마케팅 분사_부분사장 정덕식 **영업관리** 김은실 이재희
마케팅 권대관 송재광 곽철식 박신용 김형준 이귀애 최진 정주열 **인터넷사업** 정은선 왕인정 김미애 정진
홍보 김현종 임태순 허형식 **광고** 정소연 김혜선 이세윤 이둘숙
본사_본사장 하인숙 **경영혁신** 김성자 **재무** 김도환 고은미 봉소아 최준용
제작 이재승 송현주 **HR기획** 송진혁 양세진

펴낸곳 (주)위즈덤하우스 **출판등록** 2000년 5월 23일 제13-1071호
주소 서울시 마포구 도화 1동 22번지 창강빌딩 15층 **전화** 704-3861 **팩스** 704-3891
전자우편 yedam1@wisdomhouse.co.kr **홈페이지** www.wisdomhouse.co.kr
출력 으뜸프로세스 **종이** 화인페이퍼 **인쇄·제본** (주)현문

값 11,800원
ISBN 978-89-6086-066-7 03810

* 잘못된 책은 바꿔드립니다.
* 이 책의 내용과 편집 체재의 무단 전재 및 복제를 금합니다.

*이 도서의 국립중앙도서관 출판시도서목록(CIP)은 e-CIP 홈페이지(http://nl.go.kr/cip.php)에서
 이용하실 수 있습니다. (CIP 제어번호 : CIP2007003226)